Mit

GESCHICHTEN

Interessenten gewinnen,
Verkaufen und ein
Network-Marketing-Geschäft
aufbauen

TOM ‚BIG AL' SCHREITER

© 2014 Fortune Network Publishing
© 2015 - 2018 der dt. Ausgabe bei Life Success Media GmbH

www.mlm-training.com

ISBN: 978-3902114983

Ins Deutsche übersetzt von Romana Vlcek.

Printed in Europe

Widmung

**Dieses Buch ist Network-Marketern
auf der ganzen Welt gewidmet.**

INHALTSVERZEICHNIS

VORWORT

Große Geschichtenerzähler gehen in die Geschichte ein.

Warum? Weil sie die besten Kommunikatoren sind.
Und ist das nicht die Fertigkeit, die Network-Marketer am meisten brauchen? Wir brauchen sie, um die Nachrichten aus unseren Köpfen in die Köpfe unserer potenziellen Interessenten zu bringen, damit sie sehen, was wir sehen.
Dies sind die Geschichten, die ich meinen potenziellen Interessenten und anderen Network-Marketern erzähle. Einige dieser Geschichten sind so alt, dass der ursprüngliche Erzähler nicht mehr zu ermitteln ist.

Wenn Sie sich der Elite der Menschen anschließen möchten, die große Organisationen im Network Marketing aufgebaut haben, prägen Sie sich diesen Spruch ein:

„Fakten sprechen für sich.
Geschichten verkaufen. "

Ich werde also keine Zeit damit verbringen zu erklären, was man mit den Geschichten in diesem Buch alles machen kann. Ich werde die Geschichten einfach nur erzählen.

– Tom „Big Al" Schreiter

KAPITEL 1

Nicht das, was wir sagen, zählt – sondern was die Leute hören

Wir müssen auf Menschen eine Wirkung ausüben, damit sie uns glauben. Es hat keinen Sinn, zu predigen oder Vorträge zu halten oder sie zu belehren. Wir müssen die Negativität unserer Gesprächspartner überwinden, ihre schlechte Programmierung, ihren Wiederstand dagegen, sich etwas verkaufen zu lassen, ihre Skepsis ... und das ist einfach zu schaffen.

Und zwar mit einer Geschichte.

- **Geschichten rufen keinen Kaufwiderstand hervor.**

- **Geschichten kann man sich leicht merken.**

- **Geschichten bringen Leute zum Handeln.**

- **Menschen sind darauf programmiert, sich Geschichten anzuhören.**

- **Geschichten sprechen das Unterbewusstsein des Menschen an.**

- **Und es macht Spaß, sich Geschichten anzuhören.**

Um professioneller zu werden, müssen wir aufhören, unsere Präsentationen mit Fakten zu füllen. Wir müssen unsere Informationen stattdessen in Geschichten packen. Merken Sie sich: „**Nicht das, was wir sagen, zählt – sondern was die Leute hören.**"

Mit Geschichten lässt sich am besten mit potenziellen Interessenten kommunizieren. Geschichten sind kurz, wirksam und sie sorgen dafür, dass den Zuhörern schnell „ein Licht aufgeht". Eine einfache kurze Geschichte kann oft eine lange Geschäftspräsentation ersetzen. Wirklich?

Ja. Sehen wir uns an, wie man junge Menschen sponsert. Statt eine lange Präsentation über passives Einkommen, Vergütungsprozente, unglaubliche Forschungsergebnisse und andere langweilige Themen zu halten, kommen Sie einfach gleich auf den Punkt und bringen Sie die jungen Leute dazu, sich sofort dafür zu entscheiden, sich Ihrem Geschäft anzuschließen.

Wie? Mit einer besseren Geschichte natürlich. Und die Geschichte muss nicht lang sein. Versuchen wir es mit dieser hier.

***

Die Geschichte aus der Ukraine

Ich sprach mit einer Gruppe von Vertriebspartnern in der Ukraine. Ich war wahrscheinlich die jüngste Person im Raum und, wie man sehen kann, ich bin wirklich alt! Also fragte ich die Gruppe:

„Was habt ihr denn gesagt, um all die jungen Leute fernzuhalten?"

Diese Ukrainer hatten offenbar keinen Sinn für Humor. Sie waren verärgert. Sie riefen: *„Was meinst du damit, wir hätten etwas gesagt, um die jungen Leute fernzuhalten?"*

Also fragte ich: *„Was habt ihr denn zu den jungen Leuten gesagt?"*

Ihre Antwort lautete: *„Wir sagten ihnen, dass sie sich mit unserer wunderbaren Geschäftsgelegenheit zehn Jahre früher zur Ruhe setzen können!"*

Nun, für einen 18-Jährigen ist der Gedanke, sich zehn Jahre früher zur Ruhe zu setzen, nicht sehr motivierend. Die Ukrainer hatten die falsche Geschichte gewählt. Wenn ich mit jungen Leuten in den USA sprechen würde, würde ich vielleicht diese Geschichte erzählen:

***

Ted und Rick

Ted macht seinen Abschluss an der Uni und beginnt seine Karriere in einem großen Wirtschaftsunternehmen. Er macht jeden Tag Überstunden. Er verbringt den Samstag mit Projekten, um voranzukommen. Er hat keine Zeit für Sport, keine Zeit für Beziehungen und kein Geld zum Sparen. Jeden Monat prüft er, wie weit er seinen Zielen schon näher gekommen ist. Noch mehr Konferenzen, noch mehr Projekte. Allmählich nähert sich Ted der Spitze. Und nach nur 18 kurzen Jahren kommt Teds große Chance. Er könnte der nächste neue, eigentlich noch recht junge Hauptgeschäftsführer des Unternehmens werden. Doch der Eigentümer des Unternehmens vergibt die Stelle des Hauptgeschäftsführers an seinen Enkel, der eben erst die Universität abgeschlossen hat und prompt Ted feuert.

Ted hat 18 Jahre seines Lebens und seine Würde verloren. All die harte Arbeit war umsonst und er ist arbeitslos.

Teds Freund Rick schließt ebenfalls die Uni ab, nimmt jedoch einen ganz gewöhnlichen Job an. Doch Rick tut noch etwas anderes. Nach Feierabend arbeitet Rick einige Stunden an seinem Network-Marketing-Unternehmen. Nach vier Jahren feuert Rick seinen Chef und lebt den Rest seines Lebens von den Einnahmen aus seinem Network-Marketing-Geschäft.

***

Das war einfach. Mit wenigen Worten haben wir einem jungen Menschen erklärt, dass ein eigenes Geschäft, das er jetzt beginnt, sich später auszahlen kann. Wir mussten niemanden überzeugen, nichts verkaufen oder unsere Sache verteidigen.

Der Grund dafür ist, dass solche Geschichten leicht in die Gedankenwelt eines möglichen Interessenten einfließen. Wir müssen uns nicht anstrengen, um unsere Botschaft in seinen Kopf einzuhämmern.

Ich selbst habe mit Network Marketing aufgrund einer Geschichte begonnen. Ich bin ein sogenannter „grüner" Persönlichkeitstyp und sehr analytisch veranlagt. Dennoch war es die Geschichte, die mich überzeugte. Das war so:

Ich las eine Anzeige in der Zeitung und ging daraufhin an einem Samstagvormittag zu einer Geschäftspräsentation. Sie dauerte drei Stunden! Und Junge, kam mir das alles komisch vor.

Im Raum waren 150 Leute und sie jubelten alle. Sie sahen aus wie kommunistische Hippies, die gegen den Staat protestierten. Bei der Präsentation sprachen sie davon, wie sie ihre Körper reinigten, wie sonderbare Dinge aus ihren Dickdärmen kamen und wie sehr sie aus dem 40-Jahres-Plan ausbrechen wollten.

Ich wäre am liebsten schon vorzeitig wieder gegangen, aber sie hatten bewaffnete Wachleute hinten im Raum stehen. Schließlich, nach drei grauenhaften Stunden, war das Treffen vorüber. Als ich durch die Hintertür den Raum verließ, hielt mich ein Mann an und sagte: *„Sind Sie der Mann, der auf meine Anzeige geantwortet hat?"*

Wie konnte er das wissen? Später fand ich heraus, dass ich der einzige Gast gewesen war. Alle anderen waren bereits Vertriebspartner.

Also antwortete ich: *„Ja, ich habe mich auf die Anzeige gemeldet. Aber ich bin nicht interessiert. Ich habe mir die ganze Präsentation angehört. Das ist nicht das Richtige für mich."* Nach drei Stunden voller Fakten sagte ich *„Nein".*

Doch dann kam die Macht der Geschichte. Alles, was mein Sponsor tat, war, mir eine kurze Geschichte zu erzählen. Sie dauerte nur etwa 30 Sekunden. Als die Geschichte zu Ende war, fragte ich: *„Wie kann ich mitmachen?"*

Verstehen Sie? Drei Stunden Fakten, kein Verkauf. Eine 30-Sekunden-Geschichte und ich machte mit.

Das ist die Macht der Geschichte. Möchten Sie die Geschichte hören, die er mir erzählt hat? Hier ist sie.

***

Feure deinen Chef

„Big Al, wenn du dich unserem Geschäft anschließt, wird Folgendes geschehen: In sechs Monaten wirst du in das Büro deines Chefs gehen. Du wirst dich hinsetzen, deine Füße auf seinen Schreibtisch legen und sogar kleine Kratzspuren mit deinen Absätzen hinterlassen.

Dann verschränkst du deine Hände hinter deinem Kopf und sagst deinem Chef mit ruhiger Stimme, dass du ihn leider nicht mehr in deinem Tagesablauf unterbringen kannst. Es habe dir Spaß gemacht, dort zu arbeiten, und wenn sie irgendwelche Probleme haben sollten, nachdem du das Unternehmen verlassen hast, könnten sie dich jeden Dienstag um 11 Uhr vormittags anrufen und du hilfst ihnen gern gegen dein übliches Beratungshonorar aus.

Dann verlässt du das Büro deines Chefs, gehst zum Empfangsschalter, holst deine persönlichen Gegenstände ab, winkst deinen Arbeitskollegen zu, die immer sagten, so etwas könne man doch nicht tun, steigst in dein brandneues Bonus-Auto, fährst zur Bank, reichst deinen Bonus-Scheck für den letzten Monat ein und sagst zum Kassierer:

‚Ah, ich weiß nicht. Tun Sie das auf mein Sparkonto oder mein Girokonto, es macht wirklich keinen Unterschied. Ich bekomme diese Schecks jeden Monat.'

Und dann fährst du nach Hause und entspannst dich und trinkst ein schönes Glas deines Lieblingsgetränks."

***

Als diese Geschichte zu Ende war, fragte ich: *„Wie kann ich mitmachen?"*

Hätten Sie mich damals nicht gern in Ihre Network-Marketing-Organisation eingeschrieben? Nun, wenn Sie Fakten, Power-Point-Präsentationen, Videos, Flipcharts und Forschungsberichte genutzt hätten ... wäre es Ihnen misslungen. Es war eine Geschichte, durch die ich zum Network Marketing gekommen bin.

Erfolgreiche Networker sind große Geschichtenerzähler. Die meisten der obersten Führungskräfte sind große Geschichtenerzähler. Wollen nicht auch Sie ein großer Geschichtenerzähler werden?

KAPITEL 2
Geschichten können ganz kurz sein

Manchmal reden wir viel zu viel und unsere Präsentationen rufen Einwände hervor. Ein Einwand, den neue Vertriebspartner fürchten, ist der Pyramideneinwand.

In der Regel geht es bei dem Pyramideneinwand gar nicht darum, dass der Interessent sich Sorgen macht, es könnte ein illegales Pyramidensystem sein. Vielmehr ist es nur eine bequeme Art und Weise, die der Interessent nutzt, um eine langatmige Präsentation zu beenden.

Doch stellen wir uns mal vor, jemand sagt: *„Ist das denn nicht ein Pyramidensystem?"*

Der Network-Marketing-Profi Robert Butwin beantwortet diesen Einwand folgendermaßen. Er nutzt eine Geschichte, die dem Gespräch eine ganz andere Richtung gibt. Er sagt Folgendes:

***

Das ist ein Pyramidensystem!

„Bevor ich deine Frage beantworte, ist es in Ordnung, wenn ich dir selbst eine kurze Frage stelle?"

„Denke an deine Schulzeit. Stell dir vor, deine Lehrer von damals würden für den Rest deines Lebens einen kleinen Prozentsatz deines Einkommens bekommen. Glaubst du, das unter solchen Umständen deine Schulausbildung besser gewesen wäre?"

Der Interessent antwortet: „*Auf jeden Fall!*"

Robert fährt fort: „*Nun, genau so funktioniert Network Marketing. Dein Sponsor will dich lehren und trainieren, damit du so erfolgreich wie nur möglich wirst, denn die einzige Art und Weise, wie dein Sponsor Geld verdienen kann, besteht darin, dich erfolgreich zu machen!*"

***

Und mit dieser einfachen, kurzen Geschichte verschwindet der Einwand und kehrt sich in einen Vorteil um.

Etwas zum Nachdenken

Ein Ehepaar geht zweimal pro Woche zum Abendessen aus. Es gibt jeden Monat 160 Dollar in Restaurants aus. Die beiden bekommen Übergewicht.

Ein anderes Ehepaar investiert 160 Dollar pro Monat in sein Network-Marketing-Geschäft. Die beiden bleiben schlank und gesund. Nach einigen Jahren setzen sie sich zur Ruhe.

***

Mir gefällt diese kurze Geschichte. Sie regt die Interessenten zum Nachdenken an und macht sie darauf aufmerksam, dass eine kleine Verhaltensänderung sie erfolgreich machen kann.

Wenn ich diese Geschichte nutze, höre ich außerdem nie den Einwand: „*Ich kann es mir nicht leisten.*" Die Leute geben das Geld, das sie für ihr eigenes Network-Marketing-Geschäft bräuchten, ja schon für irgendetwas aus. Jetzt brauchen sie nur noch zu wählen. Wollen sie weiterhin zum Essen ausgehen oder lieber darauf hinarbeiten, das Restaurant zu besitzen?

Wie funktioniert Network Marketing wirklich? Das lässt sich am besten mit einer Geschichte beschreiben.

***

Der Tante-Emma-Laden

Stellen Sie sich vor, ich gehe in den Laden an der Ecke und kaufe mir eine Diät-Cola und 44 Schokoladenriegel. Ich bezahle für meine Ware und verlasse das Geschäft.

Sie stehen hinter mir an der Kasse und kaufen ebenfalls eine Diät-Cola und 44 Schokoladenriegel. Sie bezahlen für Ihre Ware, doch bevor Sie den Laden verlassen, zeigen Sie Ihre Treuekarte vor. Der Kassierer gibt Ihnen einige Treuepunkte, damit Sie irgendwann nach Hawaii reisen können.

So funktioniert Network Marketing. Wir beide tun genau dasselbe, doch Sie bekommen gratis noch etwas dazu. Eine Reise nach Hawaii.

Doch es kommt noch besser. Der Besitzer Ihres örtlichen Tante-Emma-Ladens ruft Sie an und sagt:

„Hallo, ich sehe, Sie haben Ihre Treuekarte genutzt. Wir geben Ihnen gern Treuepunkte. Bitte erzählen Sie Ihren Nachbarn von der Treuekarte, damit auch sie in unser Geschäft kommen und hier einkaufen. Wenn Ihre Nachbarn hierher einkaufen kommen, geben wir ihnen ihre eigenen Treuekarten. Jedes Mal, wenn sie hier ihre Lebensmittel und sonstigen Waren kaufen, werden wir ihren Nachbarn auch Treuepunkte geben, damit sie zusammen mit Ihnen nach Hawaii reisen können. Und weil Sie es waren, der uns ausgeholfen hat und seine Nachbarn über unsere Treuekarte informiert hat, werden wir jedes Mal, wenn wir Ihren Nachbarn Treuepunkte geben, auch Ihnen einige Zusatzpunkte geben, damit Sie viel früher nach Hawaii reisen können."

Nun, so funktioniert Network Marketing, nur mit dem Unterschied, dass wir nicht Treuepunkte vergeben, sondern bares Geld.

***

Nachdem er diese Geschichte gehört hat, wird Ihr Interessent sagen: „Ja, das klingt doch ganz vernünftig!" Und Sie haben damit alle seine vorgefassten Urteile über Network Marketing aus dem Weg geräumt.

Nutzen Sie Ihre Fantasie. Sie könnten diese Geschichte zum Beispiel abwandeln, indem Sie das Treueprogramm einer Fluggesellschaft beschreiben.

KAPITEL 3
Interessenten haben Angst

Jeder Interessent möchte haben, was Network Marketing bietet, doch sie alle zögern. Warum? Es ist die Angst vor dem Unbekannten, die Angst vor dem Versagen und die Angst davor, was die anderen sagen werden, wenn sie keinen Erfolg haben. Diese drei Ängste halten viele Interessenten davon ab, den Anfang zu wagen.

Eine einfache Geschichte kann diese Ängste beseitigen, so dass Ihre Interessenten sich einschreiben, lernen und die Vorteile aus Ihrem Network-Marketing-Geschäft ziehen können. Sehen wir uns mehr Beispiele für Geschichten an.

Die neue Maschine

Stellen Sie sich vor, Sie sitzen an Ihrem Arbeitsplatz und der Chef kommt zu Ihnen und macht Ihnen ein Angebot.

„Wir haben eben eine neue Maschine fürs Unternehmen gekauft und brauchen jemanden, der lernt, wie man diese neue Maschine bedient. Sie müssten neun Monate lang an drei Abenden pro Woche zur Abendschule gehen, um zu lernen, wie man diese Maschine bedient. Wir würden Sie nicht dafür bezahlen, dass Sie diese Ausbildung machen, aber wenn Sie sie abschließen, wären Sie unser Maschinenführer und würden 1.500 Dollar pro Monat mehr verdienen. Was sagen Sie dazu?"

Die meisten Menschen würden sagen: *„Ja! Ich könnte neun Monate lang drei Abende pro Woche in eine Ausbildung investieren, wenn ich dafür eine Gehaltserhöhung um 1.500 Dollar pro Monat bekomme."*

Und bietet Ihre Geschäftsgelegenheit im Network Marketing nicht genau dasselbe? Wenn Sie sich neun Monate lang an drei Abenden pro Woche dafür einsetzen, werden Sie danach genug Vertriebspartner und Kunden haben, um mit Leichtigkeit zusätzliche 1.500 Dollar pro Monat zu verdienen.

Nun, Ihr jetziger Beruf mag Ihnen nicht die Möglichkeit bieten, sich mit etwas Zusatzarbeit an drei Abenden pro Woche eine riesige Gehaltserhöhung zu verdienen, aber unsere Geschäftsgelegenheit im Network Marketing bietet diese Möglichkeit.

***

Geschichten helfen uns, besser zu kommunizieren. Geschichten können Beispiele geben, mit denen sich unser Interessent identifizieren kann. Hier ist eine längere Geschichte, die ebenfalls ängstlichen Interessenten hilft.

Gute und schlechte Neuigkeiten

Stellen Sie sich für einen Augenblick vor, Sie sitzen an Ihrem Arbeitsplatz. Der Chef kommt zu Ihnen, klopft Ihnen auf die Schulter und sagt: *„Ich habe eine gute Neuigkeit und ich habe eine schlechte Neuigkeit für Sie."*

Sie antworten: *„Ich bin tapfer. Sagen Sie mir zuerst die schlechte."*

Der Chef sagt: *„Nun, die schlechte Neuigkeit ist, sie sind gefeuert."*

Sie denken sich: *„Ach du Schreck! Das ist eine wirklich schlechte Neuigkeit. Wenn ich gefeuert werde, muss ich nach Hause gehen und es meiner Frau sagen und das wäre mir äußerst peinlich. Was, wenn ich ein Jahr lang keine andere Arbeit finden kann? Oder was, wenn ich in meiner neuen Arbeit weniger verdiene oder einen weiten Anfahrtsweg habe und mich jeden Tag durch den Verkehr quälen muss? Was, wenn die Kollegen an der neuen Arbeitsstelle gemein zu mir sind? Oje, das ist eine wirklich ganz, ganz schlechte Neuigkeit!"*

Sie geraten in Panik und fragen Ihren Chef: *„Ach du meine Güte, das ist wirklich eine schlechte Neuigkeit. Und was ist die gute Neuigkeit?"*

Der Chef antwortet: *„Die gute Neuigkeit ist, Sie können sich für den Rest des Nachmittags frei nehmen."*

Nun haben Sie einen Panikanfall vollsten Ausmaßes. *„So ein Mist! Oh nein! Ich will nicht gefeuert werden. Gibt es denn keine Möglichkeit, dass Sie mich behalten könnten?"*

Der Chef sagt: *„Nun, wir haben die meisten unserer Arbeiten nach auswärts vergeben und können nur wenige Leute behalten. Wenn Sie einer derjenigen Mitarbeiter sein wollen, die wir behalten, müssten Sie sich einverstanden erklären, jeden Tag eine zusätzliche Stunde ohne Bezahlung zu arbeiten. Das wäre Montag bis Freitag von 17 bis 18 Uhr. Wenn Sie jeden Tag diese eine unbezahlte Überstunde machen, könnten wir es uns leisten, Sie zu behalten."*

Wie die meisten fleißigen Menschen mit Familie und Schulden, werden Sie sagen: *„Ja, ich werde diese Überstunden machen, um meine Arbeitsstelle zu behalten."*

Der Chef lächelt. *„Prima. Danke, dass Sie so ein guter Teamplayer sind. Ich weiß, die eine Zusatzstunde ist ein Opfer, doch da Sie so viel Einsatzwillen zeigen und bereit sind, uns in diesen schweren Zeiten zu helfen, sage ich Ihnen, was das Unternehmen für Sie tun wird.*

Wenn Sie in den nächsten zwei Jahren Ihre normale Zeit und diese eine Überstunde zusätzlich abarbeiten, wird Sie das Unternehmen bei voller Weiterbezahlung in Rente schicken."

Was halten Sie davon? Sie haben das Glückslos gezogen! Das ist der beste Tag Ihres Lebens, nicht wahr? Sie denken sich: *„Toll, ich brauche nichts weiter zu tun, als an fünf Tagen pro Woche je eine Überstunde zu machen, und in nur zwei Jahren kann ich mich bei voller Weiterbezahlung zur Ruhe setzen."*

Das ist aufregend!

Sie eilen nach Hause, um Ihrer Frau von diesem fantastischen Angebot zu erzählen. Und Sie beginnen, die eine unbezahlte Überstunde pro Tag zu machen. Das geht sechs Monate lang gut.

Dann gehen Sie zu einer Party. Einige Freunde machen sich lustig über Sie und sagen: *„Oh Mann, sieh dich doch an. Du bist so blöd, jeden Tag eine unbezahlte Überstunde zu machen. Der Betrieb nutzt dich doch nur aus. Kündige doch diesen fürchterlichen Job und suche dir einen, wo du für jede Arbeitsstunde bezahlt wirst."*

Was würden Sie darauf sagen?

„Nein, nein, nein. Ich kündige diesen Job nicht. Ich brauche nur noch 18 Monate lang jeden Tag eine unbezahlte Überstunde zu machen und dann kann ich mit der Arbeit aufhören und mich für immer zur Ruhe setzen!"

Sie arbeiten also weiterhin eine unbezahlte Überstunde pro Tag, bis 18 Monate vorbei sind. Es sind nur noch sechs Monate übrig. Dann kommen Sie an einem Abend nach Hause und Ihre Frau sagt: *„Weißt du, Liebling, du fehlst uns beim Abendessen, wenn du Überstunden machst. Kündige diese Arbeit und suche dir eine andere, damit du eine Stunde früher zum Abendessen nach Hause kommen kannst."*

Was würden Sie darauf sagen?

„Auf gar keine Fall. Ich brauche nur noch sechs Monate und dann kann ich mich bei voller Weiterbezahlung zur Ruhe setzen."

Sie würden die vollen zwei Jahre durchhalten und täglich diese eine unbezahlte Überstunde machen, und dann würde sie das Unternehmen bei voller Weiterbezahlung in Rente schicken.

Wäre das nicht toll?

Leider bietet Ihnen Ihre jetzige Arbeitsstelle diese Möglichkeit nicht. **Doch wir tun es.**

Wenn Sie sich unserem Network-Marketing-Geschäft anschließen, werden wir Sie bitten, von Montag bis Freitag nur eine Stunde täglich in Ihrem neuen Geschäft zu arbeiten und **mit Leuten zu sprechen.**

In dieser einen Stunde sollen Sie nicht Pixel auf einem Computerbildschirm verschieben, nicht die ganze Nacht über Brieffreundschaften pflegen, nicht im Internet surfen ... sondern mit Menschen „aus Fleisch und Blut" sprechen.

Wenn Sie Montag bis Freitag jeden Tag nur eine Stunde lang mit Menschen „aus Fleisch und Blut" sprechen, werden Sie zu Ende der zwei Jahre genug Kunden und Vertriebspartner in Ihrem Team haben, um dasselbe zu verdienen wie in Ihrem Vollzeitberuf und Sie können sich bei voller Weiterbezahlung zur Ruhe setzen.

Ich weiß, was Sie jetzt denken. Sie denken: „*Ich möchte das schon gern haben und bin bereit, es zu versuchen, aber ich weiß nicht, was ich zu den Leuten sagen soll.*"

Natürlich wissen Sie nicht, was Sie zu den Leuten sagen sollen. Sie haben noch keine Fertigkeiten erworben, doch Sie werden diese im Laufe der Zeit lernen. Sie könnten alles Beliebige lernen, wenn Sie zwei Jahre lang jeden Tag eine Stunde zum Lernen investieren würden, nicht wahr? Sie könnten sogar lernen, Klavier zu spielen, wenn Sie zwei Jahre lang jeden Tag eine Stunde üben würden.

In der ersten Woche Ihres Geschäftslebens lernen Sie also vielleicht, wie man „*Hallo*" sagt.

Während der zweiten Woche lernen Sie zu sagen: „*Ich heiße ___.*"

Sie würden jede Woche weiter kommen. Und nach zwei Jahren könnten Sie bei voller Bezahlung in Rente gehen. Was halten Sie davon?

***

Was werden wohl viele Leute tun, wenn sie diese Geschichte hören? „*Schreib mich ein!*"

Jetzt halten Sie mal kurz inne und denken Sie darüber nach. Die Interessenten würden sagen „Schreib mich ein" und sie haben noch nicht einmal den Namen des Unternehmens gehört.

Damit sollte jedem klar sein, dass es nicht um das Unternehmen, die Produkte, den Vergütungsplan oder ähnliches geht. Es geht ganz und gar um die Geschichte, die Sie erzählen.

Doch mit dieser Geschichte erreichen Sie noch viel mehr!

Sie haben Ihren Interessenten soeben von jemandem, der das Geschäft nur mal versuchen wollte oder der nur die Ausgabe für sein Vertriebspartner-Startpaket zurückverdienen wollte, in jemanden verwandelt, der bereit ist, zwei Jahre lang ohne Bezahlung zu arbeiten! Das ist doch ein ziemlich guter Interessent, würde ich sagen.

Übrigens: Wenn sich dieser Interessent einschreibt, wird er wahrscheinlich recht schnell einige Provisionszahlungen erhalten. Bedenken Sie, er ging davon aus, dass er zwei Jahre ohne Bezahlung arbeiten würde. Was werden Sie ihm sagen, wenn seine erste Provisionszahlung eingeht?

Sie könnten sagen: „Das muss ein Versehen sein, gib mir das Geld und ich werde es für dich zurückschicken." Nein, natürlich nur Spaß.

Doch wäre jene erste Provisionszahlung nicht eine schöne Überraschung auf der Zwei-Jahres-Reise Ihres neuen Vertriebspartners?

Möchten Sie eine andere kurze Geschichte für ängstliche Interessenten?

Neue Interessenten haben Angst, sich unserem Geschäft anzuschließen. Wen sollen sie ansprechen? Was, wenn die Leute ablehnend reagieren oder sich über sie lustig machen? Was, wenn sie versagen? Was werden ihre Freunde sagen, wenn sie einen Fehler machen?

Die Angst vor dem Unbekannten ist enorm. Interessenten wollen sich unserem Geschäft anschließen, sie wollen sich aber auch vor einem Versagen abgesichert fühlen.

Hier ist eine Geschichte, die Ihrem Interessenten klar macht, dass es in Ordnung ist, Angst zu haben, und dass Sie ihm zum Erfolg verhelfen werden.

**

Die Mäuse und die Katze

Es war einmal ein Haus, in dem viele Mäuse lebten. Sie waren fett und glücklich. Eines Tages zog eine Katze ein. Die Mäuse versammelten sich. *„Was sollen wir tun? Die Katze wird uns fressen! Tag für Tag schleicht sich die Katze an uns heran und jagt uns in unsere Löcher zurück."*

Schließlich fanden sie eine brillante Lösung. Sie würden ein Glöckchen um den Hals der Katze binden, sodass sie die Katze immer hören und in ihre Löcher laufen konnten, bevor sie nahe genug kam, um sie zu fressen.

Dann sagte eine Maus zu den anderen: *„Die Lösung ist hervorragend. Ein Glöckchen um den Hals der Katze binden. Doch die Frage ist: Wer wird das Glöckchen um den Hals der Katze binden?"*

Die Moral von der Geschichte ist, dass wir alle wissen, was wir tun sollten (sich einschreiben und anfangen), doch da ist eine große Angst, es wirklich zu tun.

Ich weiß, du willst ein Geschäft beginnen oder aufbauen. Wäre es in Ordnung, wenn ich dir beim Start helfe, indem ich das Glöckchen um den Hals der Katze binde, damit du deiner Angst ade sagen kannst?

**

25

Wie glauben Sie fühlt sich Ihr Interessent jetzt? Was glauben Sie hält er jetzt von Ihnen, einem erfahrenen Profi, der dem neuen Interessenten beim Start hilft und das Unbekannte beseitigt?

Sie könnten jedoch auch die „Restaurantgeschichte" erzählen, um Ihrem Interessenten ein gutes Gefühl zu geben und ihm zu versichern, dass er das Geschäft im Laufe der Zeit erlernen wird.

Das Restaurant

Der Interessent hatte Angst, sich einzuschreiben.

Er sagte: *„Ich weiß doch nicht, wie man ein Network-Marketing-Geschäft startet. Ich weiß nichts über die Produkte, der Vergütungsplan ist zu kompliziert zu erklären und ich weiß nicht, wie ich mit den Leuten reden soll. Wen soll ich ansprechen? Ich weiß nicht, wie man das macht!"*

Der Sponsor klopfte seinem Interessenten auf die Schulter. „Weißt du etwas darüber, wie man ein Restaurant betreibt?"

„Nein."

Der Sponsor fuhr fort. *„Sagen wir, du würdest gern dein eigenes Restaurant eröffnen, doch du willst es langsam angehen. Du bist dir nicht sicher, ob du es bewältigen kannst, also beschließt du, es nur an einem Tag pro Woche zu öffnen, am Freitag. Du willst kein Risiko eingehen. Dein Restaurant wird streng als Teilzeit-Arbeit laufen und nur für zwei Stunden am Freitagabend geöffnet sein."*

Der ängstliche Interessent antwortete: *„Damit könnte ich mich wohl fühlen."*

Der Sponsor fuhr mit seiner Geschichte fort. *„Um die Dinge einfacher zu machen, könntest du es auch so einrichten, dass nur geladene Gäste kommen würden. Du willst nicht zu viele an deinem ersten Abend haben. Ich werde dir an deinen ersten paar Freitagen helfen."*

„Bis jetzt sieht das recht einfach aus." Der ängstliche Interessent begann sich ein wenig zu entspannen.

„Wir werden zum Eröffnungsabend nur vier deiner Freunde einladen. Du und ich werden ihnen die Speisen servieren. Wenn ihnen das Essen schmeckt, werden wir sie bitten, es weiterzuerzählen. Wie klingt das bisher?"

„Das klingt fair." Der ängstliche Interessent beginnt sich nach vorwärts zu lehnen.

„Am nächsten Freitagabend werden wir jedem unserer vier Freunde erlauben, je einen neuen Gast mitzubringen. Jetzt haben wir 8 Kunden. Du und ich haben letzte Woche schon Erfahrung gesammelt, also dürften wir diesmal schon ein wenig besser sein, nicht wahr?"

„Sicher. Acht Leute wären kein Problem für dich und mich." Der Interessent wird jetzt selbstsicherer.

„Am darauffolgenden Freitagabend werden wir jedem unserer acht Gäste erlauben, je einen zusätzlichen Gast mitzubringen. Nun haben wir 16 Gäste zu bedienen. Wir haben immer noch vor, das Restaurant nur für zwei Stunden am Freitagabend zu öffnen und das Geschäft in Teilzeit zu betreiben, aber wir wollen nicht mehr als 16 Gäste gleichzeitig zu bedienen haben. Also nehmen wir vielleicht doch noch einen weiteren Abend dazu."

„Das wäre sinnvoll." Der Interessent lächelt jetzt.

„Also nehmen wir die Dienstagabende dazu. Wir stellen unseren enthusiastischsten Kunden als Assistenten ein und lehren ihn, dasselbe wie wir zu tun. Um sicherzustellen, dass unsere Freitagabende leicht zu bewältigen bleiben, werden wir einige unserer Kunden zu unserem Assistenten schicken, der sich um die Dienstagabende kümmern wird. Das wird den Dienstagabenden einen prima Auftakt geben."

Von da an nahm es der Interessent selbst in die Hand. *„Ich begreife es. Ich kann durch Praxis lernen. Vielleicht wird Network Marketing* *nicht so schwer sein, wenn ich immer nur einen Schritt nach dem anderen mache. Schreib mich ein. Laden wir zum Anfang meine vier Gäste zu meiner Geschäftspräsentation am Freitagabend ein.*"

***

Warum sollten Interessenten nicht glauben, dass sie ihr eigenes erfolgreiches Network-Marketing-Teilzeit-Geschäft starten könnten?

Sie haben Interessenten sicher schon sagen hören:

„Oh, das wird nie funktionieren."

Warum sagen Ihre Interessenten automatisch so etwas, wenn man ihnen eine Geschäftsgelegenheit vorstellt? Weil sie konditioniert wurden durch:

- **ihre Eltern, die ihnen immer sagten, sie sollten sich einen guten Job suchen, um sich im Leben zu beweisen;**

- **ihre Schullehrer, die ihnen immer sagten, sie sollten sich um gute Noten bemühen, damit sie einen guten Beruf mit Aufstiegsmöglichkeiten bekommen;**

- **ihre Freunde, die ihnen immer sagten, sie sollten sich einfach nur anpassen und mit dem Strom schwimmen;**

- **die Zeitungen und die Fernsehreporter, die ihre Vollzeitanstellungen haben.**

Am leichtesten lässt sich das mit einer Geschichte erklären.

***

Die Geschichte mit den Menschenaffen

Nimm einen Käfig, in dem sich fünf Menschenaffen befinden. Hänge auf einem Strick eine Banane in den Käfig und stelle eine Treppe darunter. Es wird nicht lange dauern, bis ein Affe an die Treppe herantritt und beginnen will, die Treppe zur Banane hochzusteigen. Sobald er die Treppe berührt, besprühen Sie alle Affen mit kaltem Wasser.

Nach einer Weile unternimmt ein anderer Affe denselben Versuch, mit demselben Resultat – alle Affen werden mit kaltem Wasser besprüht.

Schalte dann das kalte Wasser ab.

Wenn später ein weiterer Affe versucht, die Treppe hochzusteigen, werden die anderen Affen sich bemühen, es zu verhindern, **obwohl sie mit keinem Wasser besprüht werden.**

Entferne nun einen Affen aus dem Käfig und ersetze ihn durch einen neuen Affen.

Der neue Affe sieht die Banane und will die Treppe hochklettern. Zu seinem größten Schreck greifen ihn all die anderen Affen an.

Nach einem weiteren Versuch und einem weiteren Angriff weiß der Affe, dass er verprügelt wird, wenn er versucht, die Treppe hochzuklettern.

Entferne als Nächstes einen weiteren der ursprünglichen fünf Affen und ersetzen Sie ihn mit einem neuen Affen. Der neue Affe geht zu der Treppe und wird angegriffen. Der vor ihm neu hinzugefügte Affe macht mit Begeisterung bei der Bestrafung mit. Entferne den dritten ursprünglichen Affen und ersetze ihn durch einen neuen, Der Neue macht sich zur Treppe auf und wird ebenfalls angegriffen.

Zwei der vier Affen, die ihn verprügeln, haben keine Ahnung, warum es ihnen nicht erlaubt war, die Treppe hochzuklettern, oder warum sie dabei mitmachen, den neuesten Affen zu verprügeln.

Nachdem der vierte und fünfte der ursprünglichen Affen ersetzt worden sind, waren alle ursprünglichen Affen, die mit kaltem Wasser bespritzt worden waren, weg.

Dennoch trat nie wieder einer der Affen an die Treppe heran. Warum nicht?

„Weil es hier schon immer so gehandhabt wurde."

Ja, unsere Interessenten nutzen manchmal dieselben irrationellen Denkweisen, um eine Gelegenheit abzulehnen, die ihr Leben verändern könnte.

KAPITEL 4

Man braucht keine rießen Summen um Menschen zum Mitmachen zu bewegen

Könnten 300 Dollar im Monat den Lebensstil eines Menschen verändern? Das wäre sicher möglich. Und sogar weniger als das könnte manchen Menschen zum Mitmachen bewegen. Hier sind ein paar Geschichten mit kleineren Einkommensvorhersagen, mit denen sich die Interessenten identifizieren können.

***

Die 50-Dollar-Rendite

Mir ist ein Fall bekannt, wo eine Provision von 50 Dollar monatlich für einen Vertriebspartner die Welt verändert hat. Ich ging mit dem jungen Mann vor einigen Jahren zu Mittag essen. Er war ein Gemüsebauer aus Missouri. Als sein Provisions-Scheck über 50 Dollar mit der Post ankam, war er so aufgeregt, dass er nicht aufhören konnte, davon zu reden. Ich konnte mir nicht vorstellen, warum, also fragte ich ihn: *„Warum bist du über einen 50-Dollar-Scheck so begeistert?"*

Er antwortete: *„Du weißt doch, ich bin ein Gemüsebauer. Nach all meinen Ausgaben bleiben mir 5 Dollar pro Monat übrig, die ich mein Eigen nennen kann. Das ist alles. Nur 5 Dollar. Nun habe ich diese Provision bekommen. 50 Dollar! Das ist zehnmal mehr Geld zum Ausgeben, als ich sonst zur Verfügung habe. Ich kann damit meine Familie ins Kino ausführen oder zum Essen ausgehen.*

Ich habe mindestens einen Dutzend verschiedener Möglichkeiten, etwas damit zu tun, die ich vorher noch nie hatte."

***

Das brachte mich zum Nachdenken. Wenn Ihre normale Arbeit für alle Ihre Unkosten aufkommt, dann ist jede Provisionszahlung, die Sie erhalten, „Geld zum Spaßhaben". Es ist für keinen bestimmten Zweck vorgesehen. Wenn Sie also jeden Monat eine Provisionszahlung von 500 Dollar bekommen, WAHNSINN! Sie könnten das Geld nutzen, um Zahlungen für ein brandneues Auto zu leisten. Oder um in ein größeres Haus umzuziehen. Oder um alle zwei bis drei Monate eine Reise zu machen. Lassen Sie Ihrer Fantasie freien Lauf. Jede zusätzliche Einnahme gewinnt an Bedeutung, wenn Ihre täglichen Ausgaben durch Ihr Gehalt abgedeckt sind.

***

Das 100.000-Dollar-Problem

Manchmal werden die Provisionszahlungen für Ihr Teilzeitgeschäft sogar Ihr Vollzeit-Gehalt übersteigen.

Tom, ein guter Freund von mir, hatte ein Problem. In seinem regulären Beruf verdiente er 50.000 Dollar pro Jahr. Nachdem er drei Jahre in seiner Freizeit an seinem Network-Marketing-Geschäft gearbeitet hatte, näherte sich sein jährliches Provisionseinkommen der 100.000-Dollar-Marke. Nun, ich persönlich würde darin kein Problem sehen, aber er kam mit einem besorgten Gesicht zu mir und sagte: *„Du, mir wächst die Arbeit über den Kopf. Ich fürchte, ich werde es nicht mehr lange schaffen, sowohl meinen Beruf als auch mein Teilzeit-Geschäft weiter auszuüben. Ich werde eines davon aufgeben müssen, um der Sache gegenüber fair zu bleiben. Ich erbringe gern gute Dienstleistungen und mache alles gern erstklassig."*

Nun, mein Freund brachte gute Voraussetzungen für Network Marketing mit und sein Teilzeit-Einkommen war sicherlich beeindruckend, doch manchmal zweifle ich an seinem Geschäftssinn.

Ich sagte: *„Wenn du doppelt so viel in deinem Teilzeit-Geschäft im Network Marketing verdienst als dein Vollzeitgehalt hergibt, dann denke ich schon, dass es vernünftig wäre, deine Vollzeitstelle aufzugeben und dein Teilzeiteinkommen von 100.000 Dollar zu genießen."*

Er stimmte mir zu. Jetzt steigt sein Teilzeit-Einkommen weiterhin an und er hat die Zeit, ins Fitnessstudio zu gehen, Zeit mit seiner Familie zu verbringen, mit Freunden zu telefonieren, zu reisen und – ja – sich um sein Network-Marketing-Geschäft zu kümmern.

***

Auch wenn er sich zunächst unsicher war, welchen Berufsweg er aufgeben sollte, beweist es, dass man kein Genie sein muss, um im Network Marketing ein hohes Einkommen zu erreichen.

Der konservative Ansatz

Bob, ein anderer Freund, nutzte eine konservative Investmentstrategie, um sich von einem relativ bescheidenen monatlichen Network-Marketing-Einkommen von nur 500 Dollar ein Vermögen aufzubauen.

Wie machte er das?

Er sagte sich: „Mein Monatseinkommen aus meinem regulären Beruf deckt alle meine Rechnungen und nötigen Ausgaben ab, also nutze ich die zusätzlichen 500 Dollar, um meine Hypothek schneller abzuzahlen." In nur vier Jahren war sein Eigenheim vollkommen abbezahlt. Nun hatte er pro Monat weitere 1.000 Dollar zur freien Verfügung, da die Hypothekenzahlungen weggefallen waren, plus die 500 Dollar pro Monat aus Network Marketing.

Wo sollte er die zusätzlichen 1.500 Dollar pro Monat, die er zur freien Verfügung hatte, investieren?

Bob kaufte das Nachbarhaus. Die Miete, die die Mieter zahlten, deckte die Hypothek ab.

Bob investierte die zusätzlichen 1.500 Dollar pro Monat, um die Hypothek schneller abzuzahlen. Nach etwa fünf Jahren war das Nachbarhaus völlig schuldenfrei.

Nun sah Bobs Finanzlage folgendermaßen aus: Sein regulärer Beruf deckte seine Lebenshaltungskosten ab; zusätzlich hatte er 1.000 Dollar zur freien Verfügung, weil er keine Hypothek für sein Eigenheim zahlen musste. Die Mieteinnahmen aus dem Haus nebenan fügten weitere 1.000 Dollar pro Monat hinzu. Und Bobs Provisionen aus Network Marketing lagen nach wie vor durchschnittlich bei 500 Dollar im Monat. Was tat Bob nun mit den zusätzlichen 2.500 Dollar Einnahmen im Monat?

Er kaufte ein weiteres Haus in derselben Straße. Die Mieter deckten die monatlichen Hypothekenzahlungen ab und Bob fügte seine 2.500 Dollar hinzu, um die Kapitalsumme schnell abzuzahlen.

Bald sah seine Finanzlage so aus: Sein regulärer Beruf deckte seine Lebenserhaltungskosten ab; zusätzlich hatte er 1.000 Dollar zur freien Verfügung, weil er keine Hypothek für sein Eigenheim zahlen musste. Die Mieteinnahmen aus dem Haus nebenan fügten weitere 1.000 Dollar pro Monat hinzu. Die Mieteinnahmen aus dem Haus in derselben Straße fügten weitere 1.000 Dollar pro Monat hinzu. Und Bobs Provisionen aus Network Marketing lagen nach wie vor durchschnittlich bei 500 Dollar im Monat. Was tat Bob nun mit den zusätzlichen 3.500 Dollar Einnahmen im Monat?

Nun, sie kennen seine Strategie schon. Bob hatte nie mehr als durchschnittlich 500 Dollar Provision pro Monat verdient und hat sich damit finanziell abgesichert. Selbst wenn Bob jetzt seinen Arbeitsplatz verlieren und seine Network-Marketing-Gesellschaft das Geschäft einstellen sollte, könnte er allein von seinen Mieteinnahmen leben. Mittlerweile belaufen sich seine Mieteinnahmen auf 5.000 Dollar netto pro Monat.

***

KAPITEL 5

Die meisten Menschen machen Network Marketing jeden Tag, sie werden nur nicht dafür bezahlt

Network Marketing bedeutet, etwas, das man mag, anderen Leuten zu empfehlen.

Wir alle tun es fast tagtäglich. Networking ist eine natürliche Fähigkeit, die jeder bereits besitzt! Im Network Marketing holen wir uns einfach Provisionen für das, was wir sowieso jeden Tag tun.

Möchten Sie einige Beispiele für alltägliches Networking haben?

Sie dir die Dinosaurier an!

Einer meiner Lieblingsfilme ist Jurassic Park. Dieser Film von 1993 brachte den Durchbruch der digitalen Dinosaurier mit sich, die sehr real aussahen. Ich glaube, der Film hat auch einigen anderen Leuten gefallen, denn er ist einer der größten Bestseller der Filmgeschichte geworden.

Stellen Sie sich vor, Sie sitzen am Küchentisch mit einem Freund und plaudern. Ihr Freund sagt:

„Network Marketing? Kenne ich nicht. Ich könnte das wahrscheinlich nicht tun."

Warum sagt Ihr Freund das?

Weil Ihr Freund nicht wirklich weiß, was Network Marketing ist. Ihr Freund glaubt, dabei müsse man verkaufen, Präsentationen geben, jede Menge motivierter Verkäufer kennen und ähnliches. Er hat völlig falsche Vorstellungen von Network Marketing.

Ihr Freund trifft eine uninformierte Entscheidung aufgrund von inadäquaten Fakten.

Ihre Aufgabe besteht darin, Ihrem Freund die wahren Fakten über Network Marketing zu vermitteln.

Danach kann Ihr Freund auf der Grundlage von richtigen Informationen die Entscheidung treffen, sich einzuschreiben oder sich nicht einzuschreiben.

Sie könnten den Film Jurassic Park nutzen, um zu veranschaulichen, wie Network Marketing wirklich funktioniert. Das Gespräch könnte ungefähr so verlaufen:

Sie: *„Hast du je den Film Jurassic Park gesehen?"*

Freund: *„Ja, der war super."*

Sie: *„Als du ins Kino gegangen bist, um ihn dir anzusehen, hast du dir eine Eintrittskarte gekauft und hast du dir am Kinoschalter - zu Superpreisen - etwas zum Knabbern geholt?"*

Freund: *„Klar doch. Ja, die Preise für Knabbereien sind dort schon hoch, aber mir schmeckt vor allem das Popcorn."*

Sie: *„Nachdem du dir den Film angesehen hast, hast du deine Eindrücke für dich behalten? Oder hast du einem Freund davon erzählt?"*

Freund: *„Sobald ich wieder zu Hause war, habe ich meine Schwester angerufen und habe ihr gesagt, dass sie und ihr Ehemann sich unbedingt Jurassic Park ansehen müssen. Der Film war so toll! Das Dolby-Stereo brachte die Sitze zum Wackeln, als würden die Dinosaurier direkt neben dir vorbeistampfen."*

Sie: *„Haben sich deine Schwester und ihr Ehemann aufgrund deiner Empfehlung den Film angesehen?"*

Freund: *„Na klar doch! Sie kauften sich noch am selben Abend die Eintrittskarten."*

Sie: *„Sie haben sich also die Eintrittskarten gekauft und wahrscheinlich auch etwas zum Knabbern, nicht wahr?"*

Freund: *„Ja, und der Film hat ihnen ganz toll gefallen. Der Ehemann meiner Schwester ist ein Rechtsanwalt und ihr gefiel besonders der Teil, wo der Dinosaurier einen Rechtsanwalt auffrisst, während er, na ja, auf der Toilette sitzt."*

Sie: *„Haben deine Schwester und ihr Ehemann jemandem von Jurassic Park erzählt?"*

Freund: *„Meine Schwester konnte sich einfach nicht zurückhalten! Sie erzählte jedem auf der Arbeit davon, der ganzen Nachbarschaft und sogar den Kindern, die sie in der Schule unterrichtet. Ihr Ehemann erzählte davon seinen Anwaltskollegen und sie alle gingen auch ins Kino, um sich den Film anzusehen."*

Sie: *„Also kauften sich alle diese Leute Eintrittskarten und etwas zum Knabbern. Was geschah dann?"*

Freund: *„Ich schätze, sie erzählten ihren Freunden von Jurassic Park. Es ist schwer, über einen solchen Film nicht zu reden, ich meine, die Dinosaurier sahen so echt aus. Das waren nicht irgendwelche mechanischen Puppen wie beim Godzilla-Film. Die Dinosaurier sahen wirklich echt aus."*

Sie: *„Nun, mein Lieber, was du gerade getan hast, war Network Marketing. Wir alle tun es tagtäglich. Network Marketing ist, wenn wir etwas, das uns gefällt, anderen Leuten empfehle – normalerweise unseren Freunden und Bekannten."*

Wenn das, was wir empfehlen, für unsere Freunde interessant ist, folgen sie vielleicht unserem Rat. Unsere Freunde sind nicht verpflichtet, sich Jurassic Park anzusehen. Sie können unserer Empfehlung folgen oder es bleiben lassen. Das ist allein ihre Entscheidung.

Wir haben unsere Pflicht erfüllt, indem wir ihnen mitgeteilt haben, dass diese Möglichkeit zur Verfügung steht. Die Entscheidung, den Vorteil zu nutzen, liegt bei ihnen. Das nennt man Network Marketing."

Freund: *„Wenn das so ist, dann mache ich wirklich tagtäglich Network Marketing. Was ist also so toll daran?"*

Sie: *„Die meisten Menschen machen tagtäglich Network Marketing. Sie werden dafür nur nicht bezahlt.*

Nehmen wir zum Beispiel das Kino, das den Film Jurassic Park zeigt. Der Kinobesitzer hat vielleicht für etwas Werbung in den Zeitungen und im Radio bezahlt. Allerdings bringen diese Werbemittel in der Regel nicht viel. Wir werden mit solcher Werbung überschwemmt und ignorieren sie meistens. Und wir trauen den Werbeaussagen nicht.

Wir trauen jedoch unseren Freunden und respektieren sie. Wenn ein Freund uns sagt, dass ein Film ganz toll war, hören wir ihm zu. Diese Mundpropaganda von Freund zu Freund ist mindestens zehnmal wirksamer als jede Radiowerbung.

Wenn der Kinobesitzer seine Besucherzahlen über den Monat hinweg analysiert, wird er feststellen, dass die meisten Besucher aufgrund einer mündlichen Empfehlung gekommen sind.

Daher wird dir der Kinobesitzer als Zeichen ehrlicher Dankbarkeit einen Provisionsscheck für deine Mundpropaganda zuschicken.

Warum? Ohne deine Empfehlung wären jene vielen zusätzlichen Menschen nicht ins Kino gegangen."

Freund: *Ich finde aber nie so einen Scheck in meiner Post. Kinos tun das nicht. Sie behalten die Einsparungen für Werbung, die sie dank unserer Mundpropaganda haben, und freuen sich, dass wir unentgeltlich arbeiten. Also, wie können wir Provisionen kassieren?*

Sie: *„Manche Unternehmen haben erkannt, dass persönliche* **Empfehlungen** *weitaus einträglicher sind als jedes Werbebudget.*

Diese Unternehmen vermarkten ihre Produkte ausschließlich durch Mundpropaganda.

Sie erwarten von uns nicht, dass wir unentgeltlich arbeiten. Also geben sie ihr Werbebudget für uns aus, indem sie uns monatlich Provisionsschecks für unsere Bemühungen zusenden.

Ich finde, wenn wir diese Arbeit – empfehlen und Informationen verbreiten – sowieso tun, dann können wir auch gut und gerne Provisionen für unseren Zeitaufwand und unsere Mühe annehmen."

Freund: *„Bist du sicher, dass jeder tagtäglich Network Marketing macht?"*

Sie: *„Na klar doch!*

Hast du je einem Freund ein Restaurant empfohlen? Deinen Freunden schmeckt das Essen dort und sie erzählen ihren Bekannten davon. Und das Restaurant freut sich über steigende Gästezahlen.

Du hast deine Arbeit erledigt.

*Du hast das Restaurant, das du gut fandst, **empfohlen und dafür Werbung gemacht**. Allerdings wurdest du dafür **nicht bezahlt**. Die meisten Restaurants werden dir nichts von ihrem Werbebudget abgeben. Du hast die Werbearbeit unentgeltlich geleistet.*

Deine Empfehlung *war wirksamer als die Zwei-Essen-zum-Preis-von-einem-Gutscheine und die Plakat- und Zeitungswerbung. Network Marketing ist die wirksamste Art und Weise, andere mögliche Interessenten über Produkte und Dienstleistungen zu informieren.*

Warum? Weil Menschen ihren Bekannten zuhören und ihren Meinungen vertrauen.

Wenn du einen Gehirnchirurgen suchen würdest, um dich einer wichtigen Operation zu unterziehen, welche Methode würdest du wählen?

Methode Nr. 1: Würdest du in den Gelben Seiten nachsehen, welcher Chirurg das größte Inserat hat? Würdest du Radio hören, um denjenigen mit dem witzigsten Werbespruch zu finden?

Methode Nr. 2: Oder würdest du dich an einen Bekannten wenden, von dem du weißt, dass er Erfahrungen mit einem Gehirnchirurgen hatte, und ihn nach seiner Meinung fragen? Würdest du einen ehemaligen Patienten oder vielleicht deinen Hausarzt nach seiner persönlichen Meinung fragen?

Du würdest sicher die 2. Methode wählen. Gerade wenn es um eine schwere Operation geht, wollen wir eine persönliche Meinung hören, auf die wir vertrauen können.

Das ist wieder ein Beispiel für Network Marketing. Der Freund, Bekannte oder Hausarzt bieten ihre Meinungen unentgeltlich an und empfehlen einen Gehirnchirurgen. Du bist nicht verpflichtet, ihren Empfehlungen zu folgen, aber du hast dich wenigstens über weitere Möglichkeiten informiert, aufgrund derer du deine Entscheidung treffen kannst."

Freund: *„Gut, ich verstehe. Da ich sowieso tagtäglich Empfehlungen ausspreche und Werbung mache, könnte ich mich dafür auch bezahlen lassen, nicht wahr?*

Also wie kann ich eine Bezahlung erhalten?"

***

Ihr Interessent vertritt nun nicht mehr die Auffassung, dass Network Marketing etwas Sonderbares oder Ungewöhnliches sei. Ihr Interessent respektiert Network Marketing und er will nun wissen, wie er für seine Mühe Provisionszahlungen erhalten kann.

Dieses Gespräch ist einfach zu führen. Es wirkt auf Ihren Interessenten nicht bedrohlich und informiert ihn, wie Network Marketing wirklich funktioniert.

Wenn Ihr Interessent schlau ist, wird er schnell feststellen, dass es zwei Arten von Menschen auf der Welt gibt:

1. Jene, die tagtäglich Network Marketing machen und dafür bezahlt werden.

2. Jene, die tagtäglich Network Marketing machen und dafür nicht bezahlt werden. Jene Menschen bestehen darauf, Network Marketing unentgeltlich zu machen und das ist auch völlig in Ordnung.

Jeder macht tagtäglich Network Marketing!

Hier sind einigen weitere Beispiele:

- **Empfehlung einer Schule für die Kinder**

- **Empfehlung einer Webseite**

- **Empfehlung einer schönen Gaststätte**

- **Empfehlung eines Lieblingslieds oder -künstlers**

- **Empfehlung einer Verabredung mit einem oder einer Unbekannten**

- **Empfehlung einer Automarke**

- **Empfehlung einer Speise oder eines Kochrezepts**

- **Empfehlung einer Aktie oder Investition**

- **Empfehlung eines Anwalts oder Steuerberaters**

- **Empfehlung eines Zahnarztes**

- **Empfehlung Ihrer liebsten Fernsehsendung**

- **Empfehlung eines Geheimnisses zum Abnehmen**

- **Empfehlung eines guten Bekleidungsgeschäfts**

- **Empfehlung einer Kirche**

- **Empfehlung einiger neuer Freunde**

- **Empfehlung von Computer-Software**

- **Empfehlung eines guten Buches**

Das sind alles Beispiele für aktives Network Marketing. **Man empfiehlt die Dinge und Dienstleistungen, die einem gefallen haben.** Der Interessent ist in keiner Weise verpflichtet, den Empfehlungen zu folgen.

Ihre einzige Aufgabe besteht darin, die Informationen weiterzugeben und Ihren Interessenten auf weitere Möglichkeiten aufmerksam zu machen. Ihre Aufgabe besteht nicht darin, dem Interessenten seine Entscheidung abzunehmen. Das ist sein eigenes Recht und seine Aufgabe.

Es ist Ihre Aufgabe, dem Interessenten die Möglichkeit zu geben, die Informationen zu erfahren.

Sie tragen jedoch nicht die Verantwortung für die Entscheidungen, die Ihr Interessent trifft, nachdem er diese Informationen zur Kenntnis genommen hat.

Ihr Interessent hat viele Variablen und Situationen in seinem Leben, die er mit Ihren Empfehlungen abstimmen muss. Respektieren Sie das.

Der Interessent wird seine Entscheidung anhand dessen treffen, was sich gerade in seinem Leben abspielt. Seien Sie also nicht beleidigt, wenn er zu einem anderen Zahnarzt geht, weil sein Schwager gerade sein Studium der Zahnmedizin abgeschlossen hat. Nehmen Sie es nicht persönlich, wenn er in ein anderes Restaurant geht als das, das Sie mögen, Er bevorzugt vielleicht eine ganz andere Küche.

42

KAPITEL 6
Sind Sie ein Rock 'n' Roll Star?

Haben Sie jenes Musical geschrieben, das die Welt erobert hat? Und erhalten Sie jetzt aufgrund Ihres musikalischen Genies jeden Monat Tantiemen in Höhe von Tausenden von Dollar?

Nein? Kein Musikgenie? Kein Talent, um Chart-Hits zu produzieren?

Nun, sind Sie dann ein berühmter Schriftsteller?

Werden Sie zu Talkshows im Fernsehen eingeladen? Bieten Ihnen die Verlagshäuser Rekordsummen für die Rechte auf Ihren nächsten Kriminalroman? Und erhalten Sie aufgrund Ihres schriftstellerischen Genies von Ihrem Verlag jeden Monat Umsatzbeteiligungen in Höhe von Tausenden von Dollar?

Oder besitzen Sie dividendenstarke Aktien und Anleihen im Wert von mehreren Millionen von Dollar? Und schickt Ihnen Ihr Broker jeden Monat einen Scheck über Ihre Renditen in Höhe von Tausenden von Dollar?

Oder haben Sie es arrangiert, von einer reichen Familie adoptiert zu werden? Und hat Ihnen diese Familie ein Erbe hinterlassen, von dem Sie jeden Monat einige Tausend Dollar abschöpfen können?

Oder müssen Sie arbeiten, um Ihren Lebensunterhalt zu bestreiten?

Die meisten Menschen müssen für Ihren Lebensunterhalt arbeiten. Wenn sie nicht arbeiten, werden sie nicht bezahlt.

Was ist bei den obigen Beispielen anders? Nun, wenn Sie ein erfolgreicher Rockmusiker, Schriftsteller, ein reicher Investor oder ein glücklicher Erbe sind, erhalten Sie jeden Monat Geld, auch wenn Sie nicht arbeiten. Das nennt man passives oder residuales Einkommen.

Was ist residuales Einkommen?

Es ist etwas ganz anderes als ein lineares Einkommen – die Art von Einkommen, die die meisten Menschen haben. Lineares Einkommen fließt nur, solange man weiter arbeitet.

- **Wenn Sie ein Chirurg sind, werden Sie bezahlt, wenn Sie Operationen durchführen. Wenn Sie keine Operationen durchführen, werden Sie nicht bezahlt.**

- **Wenn Sie ein Bauarbeiter sind, werden Sie bezahlt, wenn Sie arbeiten. Wenn Sie sich entschließen, in den nächsten 12 Monaten nicht zu arbeiten, wird Ihr Arbeitgeber Sie wahrscheinlich nicht mehr bezahlen.**

- **Wenn Sie ein Busfahrer sind, werden Sie bezahlt, solange Sie Bus fahren. Wenn Sie damit aufhören, werden Sie nicht mehr bezahlt.**

So funktioniert **lineares** Einkommen. Sie erhalten ein Einkommen, wenn Sie arbeiten. Wenn Sie aufhören zu arbeiten, hört das Einkommen auf.

Residuales Einkommen ist anders.

Am besten lässt sich residuales Einkommen so beschreiben: Wenn Sie nur ein einziges Mal etwas wirklich gut machen, werden Sie dafür immer wieder und immer wieder bezahlt.

Wenn Sie also vor zehn Jahren ein Musikstück geschrieben hätten, das zu einem Hit geworden ist, würden Sie jedes Mal, wenn ein Radiosender irgendwo auf der Welt das Lied spielt, eine kleine Vergütung erhalten. Auch wenn Sie schon vor Jahren mit dem Songschreiben aufgehört haben, erhalten Sie Monat für Monat Nutzungsgebühren von Leuten, die Ihre Musik spielen. Sie haben es einmal richtig gemacht und jetzt kassieren Sie Monat für Monat die Belohnung dafür.

Als Sie vor fünf Jahren den Bestseller-Roman geschrieben haben, haben Sie Ihre Arbeit beendet. Jetzt erhalten Sie regelmäßig Umsatzbeteiligungen von Ihrem freundlichen Verleger aus dem fortlaufenden Buchverkauf. Sie haben es einmal richtig gemacht und jetzt kassieren Sie Monat für Monat die Belohnung dafür.

Vor sechs Jahren haben Sie die paar Millionen Dollar, die bis dahin nutzlos auf Ihrem Girokonto lagen, in dividendenstarke Aktien und Anleihen gesteckt. Jetzt freuen Sie sich jeden Monat auf Ihren monatlichen Dividendenscheck. Sie haben es einmal richtig gemacht und jetzt kassieren Sie Monat für Monat die Belohnung dafür.

Vor zwanzig Jahren haben Sie jeden Grafen, jede Königin, jeden Wirtschaftsmagnaten und jeden superreichen Spitzensportler angerufen und diese Leute gebeten, Sie zu adoptieren. Schließlich nahm jemand Ihren Vorschlag an. Jeden Monat erinnert Sie Ihr Scheck über einen Anteil aus dem Erbe dieser Person an Ihre Adoptionswerbekampagne vor zwanzig Jahren, die sich wirklich bezahlt gemacht hat.

Sie haben es einmal richtig gemacht und jetzt kassieren Sie Monat für Monat die Belohnung dafür.

Residuales Einkommen hört sich gut an, nicht wahr? Leider finden es die meisten Menschen schwer, ein solches Einkommen zu entwikkeln.

Warum? Nicht jeder von uns kann toll singen oder Musikstücke schreiben. Uns fehlen die Beziehungen zu Verlegern, die unsere Romane zu Bestsellern machen könnten. Wir haben nicht mehrere Millionen Dollar auf unserem Girokonto herumliegen, die nur darauf warten, angelegt zu werden. Und am schlimmsten ist, dass wir keine reichen Leute mit schwindender Gesundheit finden können, die bereit sind, uns zu adoptieren.

Doch es gibt Hoffnung!

Es gibt eine andere Art und Weise, um residuales Einkommen zu entwickeln. Es gibt eine Möglichkeit, monatliche Schecks über Tausende von Dollar zu erhalten, damit wir im Leben das tun können, was wir wollen, und damit wir unsere Träume wahr machen können. Und das Beste daran ist, dass fast jeder auf diese Weise residuales Einkommen aufbauen kann.

Zehntausende von Menschen haben sich bereits lebenslange residuale Einkommen durch die Kraft des Network Marketing aufgebaut. Wie geht das?

Sie empfehlen einfach Produkte und Dienstleistungen, die sie selbst mögen, anderen Leuten. Wenn diese anderen Leute diese Produkte und Dienstleistungen nutzen, wird an die Person, die sie empfohlen hat, eine kleine Provision ausbezahlt.

Im Laufe der Zeit summieren sich diese Zahlungen und der Betrag wird von Monat zu Monat größer. Bei manchen Menschen übersteigen die Umsatzbeteiligungen für das Weiterempfehlen das Einkommen aus ihrem Vollzeitberuf.

Also warum empfehlen Sie nicht jetzt etwas Gutes und kassieren dafür in Zukunft Jahr für Jahr die Belohnung?

KAPITEL 7

"Ich kann keine guten Interessenten finden!"

Ihr Vertriebspartner tritt an Sie heran und sagt: *„Ich habe mit allen meinen Verwandten gesprochen und sie haben nein gesagt. Ich habe mit allen meinen Freunden gesprochen und sie haben nein gesagt. Könntest du mir bitte helfen, einige gute Interessenten zu finden?"*

Ihnen liegt auf der Zunge zu sagen: *„Nun, wenn deine Verwandten und Freunde nicht mochten, was du gesagt hast, wird es dir mit Fremden nicht besser ergehen. Die Leute sind nicht das Problem. Du musst etwas anderes sagen."*

Doch das wäre ziemlich direkt. Also erzählen wir stattdessen eine Geschichte. Sie könnten zum Beispiel die folgende Geschichte erzählen, damit Ihr Vertriebspartner versteht, dass es nicht darum geht, gute Leute zu finden, sondern darum, was wir zu den Leuten sagen, mit denen wir sprechen.

Wie habe ich selbst diese Lektion gelernt? Ich will Ihnen die Geschichte erzählen.

***

Es ist nicht meine Schuld.

Als ich mit dem Geschäft begann, hatte ich ein Jahr und zehn Monate lang nur totale Misserfolge.

Ich investierte in ein Seminar, um in Zukunft mehr „Glück" zu haben, und auf dem Seminar wurde mir diese Frage gestellt:

„Big Al, warum gelingt es dir nicht, jemanden einzuschreiben?"

Eine gute Frage. Also sagte ich: *„Nun, ich lebe jetzt in Chicago. Da liegt Schnee und es ist Winter. Die Leute finden keine Parkplätze, wo die Geschäftspräsentationen stattfinden. Unsere Produkte sind viel teurer als die der Konkurrenz und die Leute können sich die Ausgaben nicht leisten. Sie fürchten, ihre Eigenheime oder ihre Arbeitsstellen zu verlieren. Die Wirtschaftslage ist wirklich schlecht. Die Leute wollen keine Verkäufer sein. Die Veranstaltungen finden zu weit weg statt. Mein Sponsor erwidert meine Anrufe nicht und ..."*

Ich wurde unterbrochen. *„Big Al, gibt es in Chicago andere Leute, die Provisionszahlungen bekommen?"*

Ich sagte: *„Ja. Manche Leute bekommen enorm hohe Provisionszahlungen. Ich arbeite zehnmal so viel wie sie und bekomme gar nichts. Das ist nicht fair."*

Dann schmetterte man diesen Bombenhagel auf mich: *„Big Al, diese Leute in Chicago, die diese hohen Provisionen erhalten, haben sie dasselbe Wetter wie du?"*

Autsch.

„Arbeiten sie für dasselbe Unternehmen?"

Autsch.

„Haben sie dasselbe Produkt?"

Autsch.

„Dieselben Preise?"

Jetzt begann es wirklich weh zu tun.

„Dasselbe Verkaufsgebiet?"

Stöhn.

„Dieselben Interessenten?"

Das war doch brutal.

Alles war bei denen, die enorme Provisionszahlungen bekamen, und mir, der gar nichts bekam, zu einhundert Prozent identisch, außer einer einzigen Sache.

Wenn die Leute, die enorme Provisionszahlungen bekamen, mit den gleichen Leuten sprachen, mit denen ich schon gesprochen hatte, wählten sie einfach andere Worte. Sie änderten die Worte und die Wortfolgen und alles änderte sich dadurch.

Nun, ich bin als Kind nicht zu heiß gebadet worden. Ich bin nicht dumm. Ich sagte: *„Ich werde mich in der Nähe der Leute aufhalten, die hohe Provisionen erhalten, und werde hinhören, was sie sagen. Dann werde ich ihre Worte selbst anwenden."*

60 Tage später hatte ich ein Vollzeiteinkommen, weil ich einfach nur gelernt hatte, andere Worte zu sagen.

***

Diese kurze Geschichte darüber, wie es mir ergangen ist, motiviert den neuen Vertriebspartner, damit aufzuhören, nach bereits kaufwilligen Interessenten zu suchen, die er nur ruinieren würde. Nun wird der neue Vertriebspartner eher bereit sein, Sprüche zu lernen, die „das Eis brechen", und in Schulungen andere sprachliche Fertigkeiten mit bewährten Worten zu erwerben.

Ich erkläre neuen Vertriebspartnern immer wieder, dass sie schon frühzeitig in ihrer Laufbahn recht gute Erfolge haben können, wenn sie in Schulungen lernen, bewährte, gewandte erste Sätze zu nutzen.

Sie müssen nicht sofort alles perfekt können, aber sie müssen ihre Gespräche mit möglichen Interessenten richtig beginnen.

Wie motiviere ich sie also dazu, sich die Zeit für die Teilnahme an Schulungen zu nehmen, um großartige erste Sätze zu erlernen? Natürlich mit einer Geschichte.

Als Schnellschulung für neue Vertriebspartner würde ich die folgende Geschichte nutzen.

***

Das Heiratsangebot

Wer von Ihnen ist oder war schon verheiratet? Nun, dann wissen Sie, dass man ein erfolgreiches Heiratsangebot machen muss ... sonst wird man nicht heiraten können.

Sagen wir, ein junger Mann möchte gern eine junge Dame heiraten. Er sinkt auf ein Knie, nimmt ihre Hand in seine Hände, sieht ihr liebevoll in die Augen, und während er ihr tief in die Augen blickt, sagt er seinen ersten Satz:

„Wenn du mich heiratest, werde ich mit dir jeden Dienstagabend im Mondschein im Park spazieren gehen, jeden Freitagabend werden wir bei Kerzenlicht dinieren und jeden Sonntagabend werde ich den Müll hinaustragen und ein guter Familienvater sein."

Wenn die junge Dame den jungen Mann gern hat, wird sie wahrscheinlich *„Ja"* sagen.

Warum? Weil er einen schönen ersten Satz hatte.

Nun, wird dieser junge Mann in den nächsten 30, 40 oder 50 Jahren Fehler machen? Bestimmt. Doch weil er einen schönen ersten Satz hatte, wird sie ihm seine Fehler für den Rest seines Lebens verzeihen.

Sehen wir uns ein anderes Heiratsangebot an.

Der junge Mann sinkt auf ein Knie, nimmt ihre Hand in seine Hände, sieht ihr liebevoll in die Augen, und während er ihr tief in die Augen blickt, sagt er seinen ersten Satz:

„Wenn du mich heiratest, darfst du den Ring behalten."

Autsch. Jetzt frage ich mal die Damen: Wie stehen die Chancen, dass es zu einer Heirat kommt? Schlecht bis nicht existent. (Obwohl manche Damen erst die Größe des Rings sehen wollen, bevor sie die endgültige Entscheidung treffen.)

Die meisten Damen würden denken: *„Oh Junge, was für ein billiger Typ. Will ich wirklich mit einem wie dem verheiratet sein?"*

Und sie machen Schluss.

Egal, was dieser junge Mann daraufhin sagt, es spielt keine Rolle. Es ist vorbei. Er kann einen 3-D-Zaubertrick vorführen oder Bilder aus seiner Kindheit zeigen, es ändert nichts an der Tatsache, dass sie ihn nicht mehr will - **weil sein erster Satz schlecht war.**

Und genau dasselbe geschieht, wenn wir mit einem möglichen Interessenten sprechen. Wenn unser erster Satz schlecht ist, wird uns dieser Mensch nicht zuhören, wird nicht aufgeschlossen sein, wird nicht die Fakten hören wollen und wird sich nicht einschreiben.

***

Es spielt keine Rolle, wie geschickt und eindrucksvoll wir unsere Präsentation gestalten – **wenn unser erster Satz schlecht ist, sind wir zum Scheitern verurteilt.**

KAPITEL 8
Glaubwürdigkeit schafft Vertrauen

Unsere Interessenten wollen, was wir anzubieten haben, doch oftmals beschreiben wir es falsch und der Interessent lehnt ab, was wir beschrieben haben.

Es kommt darauf an, wie Sie etwas beschreiben und wie sie Ihre Geschichte erzählen. Die Interessenten werden das Geschäft erst dann in allen seinen Einzelheiten verstehen lernen, nachdem sie mit ihrem eigenen neuen Geschäft begonnen haben. Doch sie werden die Geschichte verstehen, die Sie erzählen.

Fragen Sie sich also selbst: **„Wie gut ist die Geschichte, die ich den Interessenten erzähle?"**

Das erinnert mich natürlich wieder an eine Geschichte ...

***

Zu gut, um wahr zu sein

Ein Network-Marketer stirbt und landet vor dem Himmelstor. Petrus begrüßt ihn und fordert ihn auf, einzutreten:

„Komm in mein Büro und setz dich hin. Wir haben hier ein neues Programm. Unser neues Programm gibt dir die Wahl."

Der Mann antwortet: *„Das klingt gut. Erkläre mir das bitte genauer."*

Petrus fährt fort: *„Nun, nach unserem neuen Programm kannst du ins Himmelreich eingehen, aber wenn du es vorziehst, kannst du auch nach unten an den anderen Ort gehen."*

Der Mann dachte eine Sekunde nach und sagte: *„Nun, ich bin der Typ von Mensch, der gern alles genau prüft. Wäre es in Ordnung, wenn ich mir beide Orte erst ansehe? Ich möchte keine Entscheidung treffen, solange ich nicht alle Fakten kenne."*

Petrus erklärte sich einverstanden. Er führte den Mann eine Weile durch das Himmelreich.

„Ja, es ist ganz nett hier", meinte der Mann. *„Es ist ruhig, heiter und friedlich. Doch weißt du, ich bin ein eher aktiver Mensch und würde mir daher doch ganz gern auch den anderen Ort ansehen."*

„Kein Problem", sagte Petrus. Die beiden Männer stiegen zum „anderen Ort" hinab und öffneten das Tor. Flackernde Lichter und röhrende Musik begrüßten sie. Die Leute tranken und tanzten und hatten jede Menge Spaß.

„Ich kann es einfach nicht glauben. So hätte ich es mir nie vorgestellt! Weißt du, auf der Erde bin ich immer gern auf Partys gegangen. Mir gefällt es hier."

Petrus lächelte und sagte: *„Gut, gehen wir in mein Büro zurück. Es ist Zeit für deine Entscheidung."*

Der Mann ging mit Petrus in sein Büro zurück, setzte sich hin und sagte: *„Nun, das Himmelreich war wirklich schön. Nett und still, friedlich und heiter. Aber weißt du, unten auf der Erde war ich ein wahrer Partylöwe. Ich hätte nie erwartet, dass der 'andere Ort' so aussehen würde. Ganz ehrlich gesagt, ich möchte lieber an den 'anderen Ort' da unten gehen."*

Petrus antwortete: *„Wir akzeptieren deine Entscheidung. Komm mit nach unten."*

Sie stiegen hinab, öffneten das Tor, doch dieses Mal schossen Flammen aus dem Spalt. Petrus stieß den Mann hindurch und knallte das Tor zu. Ein riesiger Kerl packte den Mann und schrie ihn an: *„Hier ist eine Schaufel. Beginne Kohlen zu schaufeln!"*

Nachdem er zwanzig Minuten lang Kohlen in den Ofen geschaufelt hatte, hielt der Mann an und sah sich an. Er war schmutzig und verschwitzt und es war ihm sehr heiß. Er sah den riesigen Kerl an, der ihm die Schaufel gegeben hatte, und sagte: *„Ich verstehe das nicht. Vor einer Weile war ich hier unten und da war Musik, Tanz und es gab Getränke. Es war so schön hier. Was ist geschehen????"*

Der Riesenkerl grinste den Mann an und sagte: *„Ach so ... ja, das war unsere Geschäftspräsentation!"*

***

Die Interessenten von heute sind anspruchsvoll. Sie sind schlau und können es riechen, wenn jemand übertreibt oder ihnen etwas vorlügt. Wenn wir unsere Geschäftsgelegenheit zu sehr anpreisen, verlieren wir bei unseren potenziellen Vertriebspartnern an Glaubwürdigkeit. Unsere Interessenten kommen zu einer Geschäftspräsentation, um eine faire Auswertung einer Geschäftsgelegenheit zu hören. Sie kommen nicht, um eine einseitige Motivationskundgebung mitzuerleben, deren Atmosphäre an einen Faschingsball erinnert. Wenn wir bei unserer Geschäftspräsentation übertreiben, werden unsere Interessenten außerdem unrealistisch hohe Erwartungen haben und sich schnell wieder zurückziehen, wenn diese Erwartungen nicht erfüllt werden.

Versetzen Sie sich in die Lage eines Interessenten. Wie würden Sie sich fühlen, wenn das Publikum nach jedem Satz des Redners applaudieren würde? Sie hätten das Gefühl, als wären Sie in einer Fernsehwerbesendung gelandet.

Sie würden sich nicht einschreiben, da Sie sich sagen würden, Sie müssten erst die andere Seite der Medaille prüfen.

Oder was würde geschehen, wenn Sie sich einschrieben? In wenigen Tagen hätte Sie die Realität eingeholt und Sie würden sich vor den Kopf gestoßen fühlen. Sobald Ihnen klar werden würde, wieviel harte Arbeit nötig ist, um jene fantastischen Einnahmen zu erzielen, von denen die Rede war, würden Sie sich belogen und betrogen fühlen. Kein guter Ansatz für Erfolg.

Kann man es vermeiden zu übertreiben und trotzdem gute Ergebnisse erzielen? Ja! Sie könnten eventuell sogar weitaus bessere Ergebnisse erzielen, wenn Sie bei Ihrer Präsentation untertreiben. Dann wird Ihr Interessent nämlich dem, was Sie sagen, selbst mehr Wert hinzufügen.

Untertreiben baut Glaubwürdigkeit auf. Glaubwürdigkeit schafft Vertrauen. Und ist das nicht das Wichtigste beim Sponsern?

Für einen Geschäftsmann ist Vertrauen wichtiger als Marketing. Warum?

Selbst wenn Ihre Marketing-Botschaft großartig ist, wird sie Ihnen niemand abnehmen, wenn Sie nicht das Vertrauen Ihrer Interessenten genießen.

Um Ihrem neuen Vertriebspartner den Wert der Vertrauensbildung zu veranschaulichen, können Sie ihm diese humorvolle Kurzgeschichte erzählen:

***

Vertrauensbildung

Ein Vertriebspartner starb und kam in den Himmel. Am Himmelstor angekommen, sagte Petrus zu ihm: *„Komm herein. Ich zeige dir alles. Es wird dir hier gefallen."*

Als er durch das Tor eintrat, stellte der Vertriebspartner fest, dass überall Uhren waren. Da gab es altmodische große Standuhren, Wanduhren, Armbanduhren und andere Uhren. Es schien, als sei der Himmel nichts weiter als ein riesiger Uhrenladen.

Der Vertriebspartner war vom Aussehen des Himmels überrascht und fragte: *„Was ist hier los? Warum sind hier im Himmel überall Uhren?"*

Petrus antwortete: *„Die Uhren kontrollieren alles auf der Erde. Jede Uhr ist einem Menschen zugeordnet. Jedes Mal, wenn ein Mensch auf der Erde eine Lüge von sich gibt, bewegt sich seine Uhr eine Minute nach vorwärts."*

„Diese Uhr gehört zum Beispiel zu Sam, dem Gebrauchtwarenhändler. Wenn du genau hinsiehst, wirst du sehen, wie der Zeiger vorrückt."

„Klick." Der Minutenzeiger auf Sams Uhr bewegte sich eine Minute vorwärts. *„Klick."* Eine weitere Minute. *„Sam schließt jetzt wahrscheinlich gerade ein Geschäft ab"*, sagte Petrus. *„Der Minutenzeiger auf seiner Uhr bewegt sich den ganzen Tag über."*

Der Vertriebspartner und Petrus gingen weiter. Bald kamen sie zu einer Uhr, auf deren Minutenzeiger sich Spinnweben gebildet hatten. *„Wessen Uhr ist das?"* fragte der Vertriebspartner.

„Diese Uhr gehört zu einer Witwe namens Maria. Sie ist einer der feinsten, gottesfürchtigsten Menschen auf der Erde. Ich wette, ihre Uhr hat sich seit ein oder zwei Jahren nicht bewegt."

Sie setzten ihren Spaziergang durch den Himmel fort. Es machte dem Vertriebspartner Spaß, all die Uhren seiner Freunde ausfindig zu machen. Nachdem die Führung vorbei war, sagte der Vertriebspartner: *„Ich habe die Uhren aller meiner Bekannten gesehen, außer der meines Sponsors. Wo ist seine Uhr?"*

Petrus lächelte. *„Sieh hoch. Wir nutzen sie als Deckenventilator."*

***

Als wie glaubwürdig wird Ihr neuer Vertriebspartner von seinen Kunden, Interessenten und Vertriebspartnern betrachtet? Ist er als ein ehrlicher Kerl bekannt? Oder hält man ihn für einen gerissenen Verkäufer, der schamlos übertreibt, nur um einen Abschluss zu machen?

Langfristige Geschäftsbeziehungen bauen auf Vertrauen auf.

KAPITEL 9

Denken wie ein Geschäftsinhaber, nicht wie ein Angestellter

Ihre neuen Vertriebspartner haben Jobs. Sie denken wie Angestellte und behandeln ihr neues Network-Marketing-Geschäft ... wie einen Job. Sie verstehen nicht, wie man ein Geschäft führt.

Doch vielleicht ist es besser, wenn ich das mit einer Geschichte beschreibe.

***

Kein Gehaltsscheck

Sie werden in einem neuen Betrieb eingestellt. Um Ihren Chef zu beeindrucken, geben Sie sich jeden Tag enorm viel Mühe. Zu Monatsende kommen Sie in die Rechnungsabteilung, um Ihren Gehaltsscheck abzuholen und man sagt Ihnen: *„Tut uns leid, wir haben keinen Scheck für Sie. Sie haben doch erst diesen Monat begonnen."*

Sie denken sich: *„Na gut. Dieser Betrieb zahlt vielleicht erst einen Monat später aus."* Sie geben sich weiterhin enorm viel Mühe und arbeiten einen weiteren Monat lang.

Zu Ende des zweiten Monats kommen Sie, um sich Ihren Gehaltsscheck zu holen und man sagt Ihnen wieder: *„Nein, wir haben für Sie diesen Monat keinen Scheck."*

Wie fühlen Sie sich? Was werden Sie tun?

Nun, Sie haben nun einmal diesen Job und es könnte eine Weile dauern, bis Sie einen anderen finden, also arbeiten Sie einen weiteren Monat fleißig weiter. Sie kommen wieder, um Ihren Gehaltsscheck abzuholen, und wieder heißt es: *„Tut uns leid, kein Scheck."*

Was werden Sie jetzt tun?

Kündigen!!!!

Wenn Sie Ihre Arbeit machen und Ihr Arbeitgeber Sie nicht bezahlt, kündigen Sie eben. So läuft das nun mal.

***

Das ist die Denkweise, mit der Ihr neuer Vertriebspartner ins Network-Marketing-Geschäft einsteigt. Wenn er von Ihnen, seinem Sponsor, nicht richtig darauf vorbereitet wird, wird er aussteigen, wenn er nicht sehr schnell eine Provisionszahlung verdient.

Sie müssen Ihren neuen Vertriebspartner den Unterschied zwischen dem Aufbau eines Geschäfts, das ihn für immer weiterbezahlen wird, und der Arbeit an einer Arbeitsstelle lehren, die ihn nur für seine Arbeitsstunden bezahlt.

Hier ist eine einfache Geschichte, die zeigt, warum die meisten Unternehmen Zeit für ihren Aufbau brauchen.

***

Das Casino

Sagen wir, Donald Trump will in Ihrer Heimatstadt ein Casino bauen.

Er verbringt das erste Jahr damit, den geeigneten Standort ausfindig zu machen und sich den Baugrund zu sichern. Als Nächstes stellt Donald eine PR-Kampagne für das Casino auf die Beine und macht bekannt, wie viele Arbeitsplätze das Casino schaffen wird, um die örtliche Bevölkerung für das Projekt zu gewinnen, damit sie sich der Errichtung des Casinos nicht widersetzt.

Nach der erfolgreichen PR-Kampagne tritt Donald in Verhandlungen mit den örtlichen Gemeindebehörden ein, um die nötigen Genehmigungen, Lizenzen und Baurechte zu erhalten. Nach zwölf Monaten von Verhandlungen und persönlichen Vorsprachen wird das Casino-Projekt von der Stadtbehörde genehmigt.

Es wird eine Ausschreibung durchgeführt, um die besten Bauunternehmen zu finden. Nach Prüfung der Angebote können die Bauarbeiten beginnen.

Zuerst wird auf dem Grundstück eine riesige Grube ausgehoben, um ein Fundament für das Mega-Casino zu errichten. Drei Monate lang wird nur gegraben, um die riesige Grube auszuheben.

Donald kommt eines Tages vorbei, um zu sehen, wie weit das Projekt fortgeschritten ist. Er geht zum Rand des großen Lochs im Boden und sagt: *„Ich gebe auf. Ich habe drei Jahre an diesem Projekt gearbeitet und noch keinen einzigen Pfennig verdient!"*

Glauben Sie, Donald würde so etwas wirklich sagen? Natürlich nicht. Er ist ein erfolgreicher Geschäftsmann. Er weiß, dass er das Casino erst fertigbauen muss, bevor er mit dem Geldverdienen beginnen kann.

Also führt Donald sein Casino-Projekt bis zum Ende durch, obwohl er noch keinen einzigen Pfennig verdient hat.

Als das Casino fertig ist, wird es zu einer enormen Geldmaschine, aus der Tag für Tag und Jahr für Jahr Geld und Gewinne fließen.

Das ist ein Geschäft. Investiere jetzt Zeit, Geld und Energie und hole dir die Belohnung später, dafür aber auf Dauer.

Genauso funktioniert auch unser Network-Marketing-Geschäft. Wir müssen jetzt hart arbeiten, um Kunden und Vertriebspartner zu gewinnen. Dafür können wir später die Bargeldzahlungen Monat für Monat für Monat genießen. Wir sind jetzt Geschäftsleute und keine Angestellten mehr.

***

Die meisten Interessenten haben Angst zu versagen. Hier ist eine Geschichte, die ihnen klar macht, dass es völlig in Ordnung ist, wenn man im Geschäftsleben nicht gleich Erfolg hat.

***

Beginne jetzt, Misserfolge zu haben

Ein junger Mann wollte das Geheimnis des Erfolgs wissen. Sein Unternehmen war unlängst zugrunde gegangen. Seine Ehefrau, seine Familie und auch seine angeheirateten Verwandten flehten ihn an, mit dem Träumen aufzuhören und sich einen ordentlichen Job mit geregelter Arbeitszeit zu suchen.

Der junge Mann traf sich mit dem reichsten Mann der Stadt. *„Bitte, verrate mir das Geheimnis deines Erfolgs"*, bat er. *„Ist es ein besonderes Talent? Ist es Wissen? Was hat dich erfolgreich gemacht?"*

Der reiche Mann schmunzelte: *„Ich will dir meine Geschichte erzählen."*

„Das erste Mal, als ich versuchte, mein eigenes Geschäft aufzubauen, versagte ich kläglich. Mein zweites Geschäft brach zusammen, noch bevor ich richtig damit begonnen hatte. Das dritte Geschäft ruinierte ich mir selbst. Ich dachte mir, man bräuchte eine Erfolgsrate von 50 %, um als erfolgreich zu gelten. Ich lag damit falsch."

Der junge Mann fragte: *„Meinst du damit, die Erfolgsrate muss besser sein als 50 %?"*

„Nein", fuhr der reiche Mann fort. „Man muss kaum jemals Recht haben. Ich habe in 19 aufeinanderfolgenden Unternehmen versagt. Im Durchschnitt habe ich pro Versuch 1.000 Dollar verloren, also insgesamt etwa 19.000 Dollar. Bei meinem zwanzigsten Versuch hatte ich meinen ersten Geschäftserfolg. Die Gewinne im ersten Jahr betrugen über 100.000 Dollar. Du siehst also, ich habe 19.000 Dollar durch 19 Fehlgriffe verloren und 100.000 Dollar durch meinen ersten Erfolg gewonnen. Du kannst dich irren und bei 19 von 20 Unternehmen Fehlschläge einstecken und dennoch Erfolg haben!"

Der junge Mann lächelte. *„Man braucht also nicht besonders klug, wissend oder talentiert sein, um Erfolg zu haben. Man muss nur ausdauernd sein. Man kann in 95 % aller Fälle Fehlschläge einstecken und es dennoch zu Erfolg bringen."*

***

Haben Sie Vertriebspartner, die bei der ersten Enttäuschung aufgeben? Reden Ihre Freunde und Verwandten auf Sie ein, dass Sie es nicht noch einmal versuchen sollen?

Haben Sie Mut. Geben Sie nicht auf. Sie brauchen nur einen einzigen Erfolg. Wenn Sie erst einmal reich und berühmt sind, wird jeder Ihre 19 Fehlschläge vergessen haben. Warum? Ihre 19 Fehlschläge machen nichts aus, solange Sie sich weiterhin um Erfolg bemühen.

Nur wer nie etwas tut, macht keine Fehler. Ist es das, was Sie vom Leben wollen? Natürlich nicht. Beginnen Sie jetzt und machen Sie einige Fehler, damit der Erfolg Ihnen näher kommt.

Es ist sinnvoll, Ihre neuen Vertriebspartner dazu zu bringen, an Schulungen teilzunehmen, damit sie lernen, wie Geschäftsleute zu denken. Doch was, wenn Sie nicht zu Schulungen gehen wollen? Dann versuchen Sie es mit dieser Geschichte:

***

Der Holzfäller

Ein erfahrener Holzfäller ging an einem der neuen Kollegen vorbei. Der neue Arbeiter schlug zwar wild auf den Baum ein, schaffte es aber gerade mal, die Rinde einzudellen. Angesichts seiner fleißigen Arbeit und der vergeblichen Mühe sagte der erfahrene Holzfäller: *„Sag, warum schärfst du nicht deine Axt? Dadurch wirst du viel effizienter werden."*

Der neue Arbeiter antwortete: *„Nein, ich habe keine Zeit, meine Axt zu schärfen. Ich bin damit beschäftigt, diesen Baum zu fällen."*

***

Viele neue Vertriebspartner im Network Marketing leiden unter dem „Stumpfe-Axt-Syndrom". Sie setzen sich Ziele, arbeiten fleißig, haben aber nie den Erfolg, den sie sich wünschen. Warum? Weil sie sich nie die Zeit genommen haben, ihre „Axt" zu schärfen und neue, wirkungsvolle Fertigkeiten zu erlernen. Diese Vertriebspartner verschwenden ihre Mühe, ihre Ressourcen und ihre Karrieren. Sie müssten nur ihre wilden Aktivitäten stoppen und sich ein wenig Zeit nehmen, um einige Fertigkeiten zu erlernen, die ihnen ein Leben lang nützlich sein werden.

Wie schon der Network-Marketing-Experte Tom Paredes sagte: *„Man muss sogar Schulungen mitmachen, wenn man nur einen Job bei McDonalds annimmt und Hamburger umdrehen soll. Warum erwartet dann einer nicht, dass er etwas Zeit und Mühe investieren muss, um neue Fertigkeiten für eine Karriere im Network Marketing zu erlernen?"*

Was geschieht, wenn sich neue Vertriebspartner ohne Vorinformationen ins Network Marketing stürzen? Sehen wir uns dazu wieder unseren neuen Holzfäller an.

***

Die Geschichte geht weiter ...

Schließlich wurde es der neue Holzfäller müde, mit seiner stumpfen Axt auf den Baum einzuschlagen. Verzweifelt fuhr er in die Stadt und ging ins örtliche Eisenwarengeschäft. Der Geschäftsleiter sagte zu ihm: *„Ja. Ihre Axt ist stumpf. Doch an Ihrer Stelle würde ich sie nicht mehr schärfen lassen. Es gibt ein neues Werkzeug zum Bäume fällen, das ist noch besser als eine scharfe Axt. Man nennt es eine Kettensäge."*

„Dann geben Sie mir die Kettensäge und ich bin raus", sagte der neue Holzfäller. Er nahm die Kettensäge und verschwand in den Wäldern.

Zwei Tage später kam der neue Holzfäller ins Eisenwarengeschäft zurück. Er war verschwitzt, hatte Blasen an seinen Händen und sah sehr deprimiert aus. Er fand den Geschäftsleiter und sagte: *„Hallo, Sie. Sie haben mir diese Kettensäge verkauft und haben mir bessere Resultate versprochen. Ich habe mich zwei Tage lang im Wald abgeplagt und habe es immer noch nicht geschafft, meinen ersten Baum zu fällen!"*

Der Geschäftsleiter erwiderte: *„Guter Mann, zeigen Sie mir doch mal die Kettensäge und lassen Sie mich sehen, wo das Problem liegt."* Der Geschäftsinhaber untersuchte die Kettensäge und konnte keinen Fehler daran erkennen. Dann griff er sich das Starterseil und zog kräftig an.

„B-b-b-b-r-r-r-r-r-o-o-o-o-o-o-o-o-o-m-m-m-m-m-m!" Die Kettensäge gab eine kleine Rauchwolke von sich und lief an.

„Oha! Was ist das für ein Geräusch?" rief der neue Holzfäller aus.

Es scheint, dass der neue Holzfäller sich nie die Zeit genommen hatte, sich sein neues Werkzeug genauer anzusehen oder zu lernen, wie man es nutzt.

***

Dasselbe gilt für Network Marketing. Man muss nicht nur die neuen Werkzeuge erwerben, sondern auch das Wissen, wie man sie nutzt. Und in unserer schnelllebigen Gesellschaft erfordert es einiges an Disziplin und etwas Zeit, um seine Fertigkeiten im Geschäftsaufbau zu perfektionieren.

Was bekommt man zur Belohnung? Fast alles, was Sie wollen. Sie müssen nur bereit sein, sich zu ändern. Immerhin hat sich auch Michelangelo geändert und ist von Wandmalereien auf Deckenmalereien umgestiegen, als er den Auftrag für die Sixtinische Kapelle erhielt. Dieselben neuen Chancen erwarten Sie mit Ihren brandneuen Fertigkeiten im Network Marketing.

Doch was, wenn Ihr neuer Vertriebspartner das genaue Gegenteil tut? Was, wenn er seine ganze Zeit mit Schulungen verbringt und nie mit der Arbeit beginnt? Brauchen Sie eine Geschichte, die Sie diesem Vertriebspartner erzählen könnten?

***

Gefahren der Überschulung

Ein Mann mittleren Alters hatte 25 Jahre lang als Schulwart gearbeitet. Eines Tages ließ ihn der Schulleiter in sein Büro rufen.

„Ich habe mir Ihre ursprüngliche Stellenbewerbung angesehen, die Sie vor 25 Jahren eingereicht haben. Da steht, dass Sie nie aufs College gegangen sind. Ist das richtig?"

Der Schulwart antwortete: *„Das ist richtig. Ich habe nie ein College besucht."*

„Ihre Bewerbung sagt auch nichts darüber, dass Sie eine High-School abgeschlossen hätten. Sind Sie zur High-School gegangen?"

„Nein. Ich habe nie eine High-School besucht."

„Es tut mir leid, Ihnen das sagen zu müssen, aber das Schulamt hat eine neue Richtlinie erlassen. Alle Angestellten der Schule müssen mindestens einen High-School-Abschluss haben. Sie haben in den letzten 25 Jahren ausgezeichnete Arbeit geleistet, aber ich muss sie leider gehen lassen. Regeln sind Regeln."

Der Schulwart gab seinen Mopp ab und ging nach Hause. *„Was kann ich tun? Ich war mein ganzes Leben lang Schulwart. Vielleicht kann ich mich als Schul- oder Hauswart selbstständig machen."*

Der erste Unternehmensleiter, den er ansprach, sagte: *„Klar, Sie können die Reinigungsarbeiten hier übernehmen. Ich erinnere mich noch, was für hervorragende Arbeit Sie in der Schule geleistet haben."*

Im nächsten Unternehmen hörte er dasselbe. Bald hatte der Wart mehr Gebäude zu reinigen, als er allein bewältigen konnte. Er stellte sich einen Assistenten ein.

Das Geschäft wuchs weiter. Bald stellte der Wart mehr Angestellte ein. Seine Kunden waren so zufrieden mit seiner Arbeit, dass sie ihn zusätzlich mit kleinen Bauarbeiten beauftragten.

Nach ein paar Jahren war der Wart recht vermögend. Er hatte Dutzende von Angestellten, Lastwagen, Ausrüstungen und einen sechsstelligen Betrag auf seinem Bankkonto.

Dann erhielt er eines Tages einen Brief, in dem er gebeten wurde, in seine Bank zu kommen. Der Vize-Vorsitzende der Bank begrüßte den Wart und sagte: *„Es ist uns eine Ehre, dass Sie unsere Bank besuchen. Wir haben Sie hier noch nie gesehen. Ihre Angestellten bringen immer Ihre Einzahlungen. Wir haben Ihre alten Unterlagen geprüft und festgestellt, dass Sie keine Unterschriftskarte unterzeichnet haben, als Sie Ihr Bankkonto eröffnet haben. Könnten Sie sie bitte jetzt für uns unterschreiben, damit Ihre Unterlagen in Ordnung sind?"*

Der Wart erwiderte: *„Ich kann nicht schreiben. Wissen Sie, ich habe nie eine Schule besucht. Würde ein „X" reichen?"*

„Sicher, kein Problem." Der Bankvorsitzende wollte seinen wichtigsten Kunden nicht beleidigen, doch ihm entschlüpften die Worte: *„Das ist unglaublich! Da stehen Sie, ein Hauswart, aus dem ein erfolgreicher Geschäftsmann geworden ist, und Sie sind unser größter Kunde. Stellen Sie sich nur vor, was aus Ihnen wohl geworden wäre, wenn Sie eine Schulbildung gehabt hätten!"*

„Zum Teufel!" sagte der Hauswart. *„Wenn ich eine Schulbildung gehabt hätte, würde ich immer noch in der Schule die Böden schrubben!"*

* * *

Manchmal ist Handeln besser als jede andere Lösung.

Und wo wir gerade von einem Geschäft sprechen – wird sich Ihr neuer Vertriebspartner Ziele setzen?

Wenn er sich Ziele setzt, werden Sie spezifisch sein ... oder werden es nur irgendwelche vagen Allgemeinheiten sein, die nur Hoffnungen und Wünsche wiedergeben?

Wenn Sie wollen, dass sich Ihr neuer Vertriebspartner spezifische Ziele setzt, haben Sie hier eine kurze Geschichte, mit der Sie ihn darauf hinweisen können, wie wichtig es ist, spezifisch zu sein.

* * *

Ziele müssen spezifisch sein.

Es war einmal eine junge Dame, die in einen Antiquitätenladen kam. Während sie sich alles ansah, fiel ihr ein schöner Spiegel auf. Als sie hörte, dass er 5.000 Dollar kostete, schnappte die junge Frau nach Luft. *„So schön dieser Spiegel auch ist, wie kann er 5.000 Dollar wert sein?"*

Der Ladeninhaber erwiderte: *„Das ist ein Zauberspiegel. Schauen Sie in den Spiegel, wünschen Sie sich etwas und Ihr Wunsch wird wahr."*

Glücklich nahm die junge Frau den Zauberspiegel nach Hause und zeigte Ihren Kauf stolz Ihrem Ehemann.

„5.000 Dollar für einen Spiegel! Du bist wohl verrückt geworden!" schrie ihr Ehemann. *„Zeig mir doch mal, was dein blöder Spiegel zustande bringt."*

Die junge Frau stellte sich vor den Spiegel und sagte: *„Spiegel, Spiegel an der Wand, ich wünsche mir einen wunderschönen, boden-langen Nerzmantel."* Sofort lag ein wunderschöner, bodenlanger Nerzmantel auf ihren Schultern. Sie drehte sich ihrem Ehemann zu, schmunzelte und verließ das Haus, um ihren neuen Mantel den Nachbarn zu zeigen.

Der Ehemann blickte sich um und stellte fest, dass ihn niemand beobachtete. Er trat vor den Spiegel und sagte: *„Spiegel, Spiegel an der Wand, mach mich für Frauen unwiderstehlich!"*

Sofort verwandelte der Spiegel den Ehemann in eine Flasche Parfüm.

***

Wenn sich Vertriebspartner beschweren, dass sie nicht gleich genug Geld verdienen, erzähle ich ihnen, was mir auf Hawaii zugestoßen ist.

***

Eine gute Investition ist eine lebenslange Arbeit wert.

Auf einer Kreuzfahrt auf dem Schiff Norwegian Star saß ich mit einem sehr, sehr alten Mann am selben Tisch. Er erzählte mir in etwa einer Minute die Geschichte seines Lebens. Er sagte Folgendes:

„Ich zog 1939 nach Kalifornien und eröffnete zusammen mit ein paar Freunden eine Bank. Kalifornien wuchs und so wuchs unsere Bank mit. Schließlich hatten wir die viertgrößte Bank in Kalifornien. Eine Großbank kaufte uns auf und wir verdienten durch den Verkauf Millionen von Dollar.

Und, junger Mann, dabei habe ich Folgendes gelernt: Dass eine gute Investition eine lebenslange Arbeit wert ist."

Ich dachte mir dazu: *„Und wenn wir keine gute Investition machen, sind wir zu lebenslanger Arbeit verurteilt!"*

Wir alle kennen jemanden, der sich ein billiges Haus an der Küste gekauft hat und es 30 Jahre später für Millionen von Dollar verkaufte. Oder wir kennen jemanden, der vor 20 Jahren in Apple-Aktien investiert hat.

Es gibt jede Menge von Fallstudien von Menschen, die eine einzige Investition getätigt haben, und diese Investition hat ihnen mehr Geld verdient als sie je in ihren Berufen verdient hatten.

Jeder möchte eine großartige Investition machen, doch ich höre immer wieder solche Ausreden:

- *„Ich habe kein Geld, um in Aktien zu investieren."*

- *„Ich habe Angst, das Geld von unseren Sparbüchern abzuheben, da ich es beim Investieren verlieren könnte."*

- *„Immobilien sind im Moment zu teuer. Ich kann es mir nicht leisten, Immobilien zu kaufen."*

- *„Ich weiß nicht, welche Investition ich tätigen sollte. Ich habe das noch nie gemacht und habe Angst vor dem Risiko."*

Diese Ausreden funktionieren. Die Leute versuchen nicht einmal, eine gute Investition zu tätigen.

Doch das lässt sich ändern. Beim Network Marketing brauchen die Leute in nichts weiter zu investieren als Zeit in ihr Geschäft. Und wenn sie es ernst meinen, können sie es sich auch leisten, ein wenig Zeit zu investieren. Das bedeutet wenig oder gar kein finanzielles Risiko.

Jetzt gibt es keine Ausreden mehr, warum man keine Investition haben könne, die sich groß auszahlen könnte.

***

Denken Sie nur mal kurz nach. Vielleicht beschweren sich Ihre Vertriebspartner darüber, dass sie noch kein Geld verdient haben. Das könnte wahr sein. Doch es besteht die Chance, dass sie die eine gute Person finden werden, die ihnen 1.000 Dollar pro Monat verschafft, und das jeden Monat für den Rest ihres Lebens.

Das ist doch eine tolle Investition oder etwa nicht?

Nutzen Sie dieses Prinzip, um Ihre Vertriebspartner „im Spiel" zu halten. Denn wenn sie aussteigen, besteht keine Chance mehr, dass sich ihre Investition jemals auszahlen könnte. Was, wenn Ihr neuer Vertriebspartner schüchtern ist? Könnte Ihr neuer Vertriebspartner einmal täglich diese „Kreuzfahrtgeschichte" erzählen? Die Geschichte dauert nur eine Minute und es ist nur eine Geschichte. Da muss man keine Ablehnung befürchten.

Ihr neuer Vertriebspartner könnte sagen: „*Willst du eine kurze Geschichte hören, was auf einem Kreuzfahrtschiff passiert ist?*"

Die meisten möglichen Interessenten würden ja sagen.

Wenn Ihr neuer Vertriebspartner eine Minute pro Tag investiert, um diese Geschichte zu erzählen (er könnte es in der Kaffeepause unterbringen) und das einen Monat lang tut, würden 30 mögliche Interessenten diese Geschichte hören.

Einige dieser 30 Menschen würden vielleicht sagen: „*Du hast recht. Ich brauche auch eine gute Investition.*" Nehmen wir an, nur 10 % würden das sagen. Das würde bedeuten, dass er nur mit dieser Geschichte pro Monat drei neue Vertriebspartner sponsern könnte.

Und die 27 Leute, die diese Geschichte gehört und nicht erkannt haben, wie sie ihr Leben verändern könnte? Vielleicht hatten sie nur einen schlechten Tag. Sie würden sagen: *„Eine schöne Geschichte."* Und das Leben würde weitergehen.

Drei neue Vertriebspartner pro Monat gesponsert. Eine kurze Geschichte. Wäre das besser als das, was ihre Vertriebspartner jetzt tun?

Und da wir gerade beim Thema sind, wie man gute Vertriebspartner findet, die zur Tat schreiten:

„Blaue" Persönlichkeiten sind geborene Geschichtenerzähler. Sie erzählen den ganzen Tag lang Geschichten. Und weil sie gern reden, gehen ihre Geschichten ewig weiter und finden kein Ende. Diese „blauen" Persönlichkeiten lernen gern neue Menschen kennen und unterhalten sich gern mit jedem und überall.

Um „blaue" Persönlichkeiten zu finden, fragen Sie einen beliebigen Fremden oder jemanden, der sich bereitwillig zeigt, Ihnen neue Bekanntschaften zu vermitteln:

„Wen kennen Sie, der ein guter Geschichtenerzähler ist?"

Es fällt Leuten leicht, gute Geschichtenerzähler weiterzuempfehlen. Dazu braucht man keine Verkaufstechniken anwenden. Wenn Sie die „blaue" Persönlichkeit – den geborenen Geschichtenerzähler - kennenlernen, sagen Sie Folgendes:

„Es gibt zwei Arten von Menschen auf der Welt: Die einen erzählen Geschichten, die anderen werden fürs Geschichtenerzählen bezahlt."

Dann seien Sie ruhig. Der Rest ist Sache Ihres potenziellen Interessenten. Die „blaue" Persönlichkeit wird es entweder „kapieren" oder nicht. So einfach ist das.

Doch merken Sie sich: „Blaue" Persönlichkeiten lernen gern neue Menschen kennen, fassen aber ungern nach. An der Stelle werden Sie aushelfen müssen.

KAPITEL 10
Das Mitteilungsprinzip

Die größte Priorität neuer Vertriebspartner ist, Ablehnung zu vermeiden. Doch was tun wir als Sponsoren?

Wir beauftragen sie, eine Liste zusammenzustellen, alle ihre Freunde anzurufen und sich verprügeln, demütigen und in Verlegenheit bringen zu lassen.

Warum geschieht das?

Weil unser neuer Vertriebspartner nicht weiß, was genau er sagen soll und was genau er tun soll. Unser neuer Vertriebspartner hatte noch keine Zeit, um die Fertigkeiten zu erlernen, die er in seinem Network-Marketing-Geschäft braucht. Daher werden die Verwandten und Freunde natürlich eine Einladung von einem nervösen, ungeschulten und unsicheren neuen Vertriebspartner hören. Das ist ein Rezept für Katastrophen.

Unser neuer Vertriebspartner wird versuchen, seinen Bekannten etwas zu verkaufen, sie zu etwas zu zwingen, sie zu manipulieren und sie zu locken, damit sie zu einer Präsentation kommen, sich fürs Geschäft einschreiben und irgendein Produkt kaufen. Und wenn man etwas verkaufen will, geht man immer ein großes Risiko ein, ein „Nein" zu hören.

Schauen wir mal, wie es wirklich läuft.

Sie sind ekstatisch! Ihr brandneuer Vertriebspartner hat die Formulare unterzeichnet, sie an das Unternehmen abgeschickt und wartet jetzt darauf, dass sein neues Vertriebspartner-Startpaket und seine Produkte ankommen.

Als gut geschulter Sponsor haben Sie ein „Starter-Training" angesetzt, das innerhalb der ersten 48 Stunden der Network-Marketing-Karriere Ihres neuen Vertriebspartners stattfindet.

Sie setzen sich mit Ihrem neuen Vertriebspartner an den Küchentisch, holen Ihr Starterhandbuch heraus, blättern direkt zum Abschnitt „Erinnerungshilfen" und beginnen zu lesen:

- **Wen kennst du, der rothaarig ist?**

- **Wen kennst du, der einen Minibus fährt?**

- **Wer macht deine Steuern? Wer schneidet deine Haare? Wer mäht deinen Rasen? Wer repariert das Auto?**

- **Hast du ein Namensverzeichnis von deinen Kommilitonen von der Uni?**

- **Hast du ein Bild mit deinem Familienstammbaum?**

- **Ein Jahrbuch vom Kindergarten?**

Sie geben ihm keine Ruhe und stellen immer mehr Fragen, um dem Gedächtnis Ihres Vertriebspartners auf die Sprünge zu helfen.

Zwischen dem Lesen der Fragen machen Sie kurz Pause, um Atem zu holen, und schauen über den Tisch auf die Liste Ihres neuen Vertriebspartners und – **da stehen nur 8 Namen drauf!** Es sollten mittlerweile mindestens 50 Namen sein! Sie schauen hoch und sehen Angst und Zweifel im Gesicht Ihres Vertriebspartners, als er mit den Schultern zuckt und sagt:

„Ich kenne wirklich sonst niemanden."

Frustriert lesen Sie noch einige Fragen aus Ihren Erinnerungshilfen vor ... doch Ihrem Vertriebspartner fallen keine weiteren Namen mehr ein.

Haben Sie einen Blindgänger gesponsert?

Wir gehen lippensynchron diese unangenehme Übung durch, doch wir nehmen uns selten auch nur einen Moment, um zu sehen, ob es wirklich funktioniert oder nicht. Warum überlegen wir nicht mal, was unserem neuen Vertriebspartner durch den Kopf geht? Sie wären vielleicht überrascht.

Ihr Vertriebspartner könnte denken:

„Ich will mit niemandem über dieses Geschäft sprechen, bevor ich nicht meine erste Provision bekommen habe."

Oder:

„Ich habe kein gutes Gefühl dabei, wenn mein Sponsor mit meinen Freunden über das Geschäft spricht. Was, wenn mein Sponsor meine Freunde unter Druck setzt oder in Verlegenheit bringt?"

Oder:

„Je mehr Namen ich aufschreibe, umso mehr Ablehnung werde ich wahrscheinlich erfahren."

Die meisten Vertriebspartner sind keine Blindgänger und sind auch nicht faul. **Sie werden jedoch alles vermeiden wollen, was zu Ablehnung führt.**

Warum wenden Sie die Übung nicht in etwas um, was Ihr Vertriebspartner **tun möchte?**

Was, wenn Sie Ihrem Vertriebspartner sagen:

„Du brauchst keine der Personen auf deiner Liste zu fragen, ob sie sich deinem Network-Marketing-Geschäft anschließen oder ob sie Produkte kaufen möchte."

Jetzt klingt es für Ihren neuen Vertriebspartner schon viel sicherer. Die meisten Ängste Ihres neuen Vertriebspartners beginnen dahinzuschwinden.

Wenn man Leute **nicht** fragen muss, ob sie in das Geschäft einsteigen wollen, ist man **vor Ablehnung sicher.**

Oder vielleicht haben Sie einen neuen Vertriebspartner, der sagt:

„Oh nein, ich möchte nicht meine Freunde und Verwandten darauf ansprechen. Sie würden das nicht verstehen. Ich könnte sie nie überreden, bei dem Programm mitzumachen. Lass mich stattdessen mit völlig fremden Leuten aus einem anderen Land reden. Vielleicht kann ich ja versuchen, ihnen etwas über das Telefon oder das Internet zu verkaufen. Wo kann ich Inserate schalten, vorsortierte Adressen kaufen oder Werbeprospekte aussenden?"

Wenn Ihre Präsentation Ihren Freunden und guten Bekannten nicht gefällt, wird sie Fremden noch weniger gefallen.

Wenn wir nicht die Menschen einschreiben können, mit denen wir schon eine positive Beziehung haben, wieso glauben wir, wir könnten völlig fremde Leute einschreiben?

Vielleicht glauben wir nur, dass sich alles ändern wird, wenn wir neue Leute finden, die uns nicht kennen.

Seien wir doch ehrlich. Wenn wir beschließen, Fremde anzusprechen statt unseres warmen Marktes von Bekannten, sagen wir damit doch zu uns selbst:

„Ich glaube nicht an mich."

„Ich glaube nicht an meine Geschäftsgelegenheit."

„Ich glaube nicht an mein Produkt."

„Ich schäme mich, darüber mit meinen Freunden zu sprechen."

„Ich glaube nicht, dass diese Gelegenheit für andere eine gute Sache ist."

„Ich mache mir Sorgen, was meine Freunde von mir denken werden."

„Ich habe Angst, dass meine Freunde nicht mitmachen werden und dass ich mich abgelehnt fühlen werde."

„Was, wenn mein Programm fehlschlägt? Ich stelle lieber von Vornherein sicher, dass ich nur völlig Fremde einschreibe, die mich nicht kennen."

„Was, wenn ich versage? Ich will nicht, dass meine Freunde und Verwandten auch nur erfahren, dass ich es überhaupt versucht habe."

Und wenn wir beschließen, unsere Geschäftsgelegenheit vor unseren Freunden und Verwandten geheim zu halten – ist es ihnen gegenüber fair?

Nein.

Also noch bevor wir unser Vertriebspartner-Startpaket erhalten, bevor wir beginnen, unsere Präsentation zu verbessern, bevor wir beginnen, an unserem Selbstbild zu arbeiten, bevor wir unseren Sponsor nach Adressenlisten oder Inseraten fragen, bevor wir irgendetwas anderes tun, müssen wir unsere einzige Pflicht im Network Marketing erfüllen.

Und welche Pflicht ist das?

Wir müssen unseren Freunden, Verwandten, Nachbarn und Arbeitskollegen mitteilen, dass wir beschlossen haben, in unserer Freizeit unser eigenes Network-Marketing-Geschäft zu beginnen.

Genau jetzt ist es **unsere erste und einzige Pflicht,** ihnen einfach nur mitzuteilen, dass wir unser eigenes Geschäft begonnen haben.

Es ist **nicht** unsere Aufgabe, unsere Produkte zu verkaufen oder mögliche Interessenten zu überzeugen, sich dem Geschäft anzuschließen.

Später werden wir unsere Interessenten mit Hilfe aller Fakten informieren, damit sie die beste Wahl für sich selbst treffen können.

Das ist alles.

Network Marketing nutzt keine aggressiven Verkaufstechniken; man muss niemanden überreden oder manipulieren; man braucht keine Kaltanrufe zu machen oder Überzeugungskünste anzuwenden. Network Marketing bedeutet einfach, Interessenten eine zusätzliche Wahlmöglichkeit in ihren Leben zu geben und ihnen zu ermöglichen, eine bestimmte Wahl zu treffen, wenn sie ihnen dabei hilft, das zu bekommen, was sie wollen.

Das ist Ihre Aufgabe – unseren Interessenten die Informationen zu geben. Das ist es, was wir Networker tun.

Eine gute Nachricht für beginnende Network-Marketer.

Wie wir gesehen haben, ist Network Marketing gar nicht so kompliziert. Unsere Aufgabe besteht darin, Interessenten Informationen zu geben und sie ihre eigenen Entscheidungen treffen zu lassen.

Allerdings haben wir eine sehr ernste Pflicht als Network Marketer. Wenn wir einen neuen Vertriebspartner sponsern, sollten wir ihm folgende Informationen geben:

„Du bist nicht verpflichtet, viele Einzelhandelsverkäufe zu tätigen. Es wäre sicher schön, wenn du es tätest, aber es ist nicht zwingend erforderlich."

„Du bist nicht verpflichtet, viele Produkte und Dienstleistungen zu kaufen. Wiederum: Es wäre sicher schön, wenn du es tätest, aber es besteht keine Verpflichtung dazu."

„Du bist nicht verpflichtet, deinen Freunden damit auf die Nerven zu gehen, dass sie zu Geschäftspräsentationen kommen sollen."

„Du bist nicht verpflichtet, zu den Konferenzen der Gesellschaft zu reisen."

„Du bist nicht verpflichtet, jeden Abend der Woche Präsentationen zu geben, um Leute anzuwerben."

„Du bist nicht einmal verpflichtet, meine Anrufe zu erwidern!"

Das ist ja ein Ding! Ihr neuer Vertriebspartner ist begeistert. Der Druck ist weg. Er braucht keine Telefonanrufe zu machen, um seine Freunde und Verwandten zu bitten, Produkte zu kaufen oder sich einzuschreiben.

Ihr neuer Vertriebspartner denkt sich:

„Das ist eine tolle Geschäftsgelegenheit, Ich bin nicht verpflichtet, all diese Dinge zu tun. Doch warte mal, mein Sponsor sagte, es gäbe eine Pflicht. Nur eine Pflicht. Worin besteht also diese eine Pflicht?"

Ja, es stimmt, wir müssen nur eine einzige Verpflichtung eingehen und erfüllen. Alles andere im Network Marketing ist freiwillig. Welche Pflicht haben wir in unserem Geschäft?

Wir müssen unseren Freunden, Verwandten, Nachbarn und Arbeitskollegen mitteilen, dass wir beschlossen haben, in unserer Freizeit unser eigenes Network-Marketing-Geschäft zu beginnen.

Das ist alles. Wir sind zu nichts weiter als dem verpflichtet.

Sehen Sie:

- **Wir müssen unseren Freunden nicht unsere Produkte oder Dienstleistungen verkaufen.**

- **Wir müssen unsere Nachbarn nicht für unser Network-Marketing-Geschäft sponsern.**

- **Wir müssen unsere Kollegen nicht zu Geschäftspräsentationen einladen.**

- **Wir müssen unser Geschäft oder unsere Produkte nicht einmal unseren Verwandten erklären, sofern sie uns nicht um weitere Informationen bitten.**

Unsere einzige Pflicht besteht darin, unseren Freunden, Verwandten, Nachbarn und Arbeitskollegen mitzuteilen, dass wir beschlossen haben, in unserer Freizeit unser eigenes Network-Marketing-Geschäft zu beginnen.

Du meinst damit also, dass wir nicht ausgeklügelte Präsentationen lernen müssen oder uns ständig bemühen müssen, unser Programm widerspenstigen Verwandten zu zeigen?

Ja! Genau.

Wir brauchen unseren Bekannten keine Präsentationen zu geben, außer wenn sie uns konkret um eine solche Präsentation **bitten.**

Wir brauchen die Produkte keinen Unwilligen zu verkaufen oder aufzuzwingen.

Und wir brauchen auch keine aufdringlichen Verkaufsmaschen bei Begräbnissen, Hochzeitsempfängen oder Familienzusammenkünften einfließen zu lassen.

Das macht Mut, nicht wahr? Es ist schön, diese Last von den Schultern zu werfen.

Warum ist es nun so wichtig, unseren Bekannten mitzuteilen, dass wir unser eigenes Network-Marketing-Geschäft beginnen?

Weil wir nie erleben wollen, dass sie eines Tages zu uns sagen:

„Du hast mir nie etwas von deinem Geschäft gesagt."

Wenn wir einfach nur bekanntgeben, dass wir ins Network Marketing eingestiegen sind, werden viele unserer Bekannten mit den Köpfen nicken und sagen:

„Das ist schön."

Und das ist völlig in Ordnung so.

Wenn sie interessiert sein sollten, können sie uns ja um weitere Informationen bitten oder zu einer Geschäftspräsentation kommen. Doch wenn sie nicht interessiert sind, können wir alle unser normales Leben weiterführen, in dem Wissen, dass ihnen die Möglichkeit gegeben wurde, alles zu erfahren, indem sie uns einfach fragen.

Manche unserer Bekannten werden sagen:

„Also ich finde meine Arbeit auch nicht mehr so toll. Ich hätte gern ein wenig mehr Zeit für meine Familie. Erzähl mir doch ein wenig mehr über dieses Networking-Geschäft!"

Und das ist auch völlig in Ordnung.

Wir können ihnen so viele Informationen geben wie sie möchten.

Wenn Sie nicht Ihre Pflicht erfüllen, Ihre persönlichen Bekannten zu benachrichtigen ... könnten schreckliche Dinge geschehen! Ich erzähle die folgende Geschichte, damit neue Vertriebspartner immer daran denken, jeden zu benachrichtigen, den sie kennen.

***

Wie man sich vor einem Machetenschwingenden Nachbarn schützt

Stellen sie sich vor, Sie sind in Ihrer Freizeit schon seit sechs Monaten ein Network-Marketer. Sie haben alle Provisionen, die Sie für Ihre Mundpropaganda erhalten haben, gespart und haben jetzt genug Geld, um sich Ihren Traumurlaub auf Tahiti zu leisten.

Ihr normaler Beruf hatte alle Ihre monatlichen Kosten abgedeckt, und so waren Sie in der Lage, Ihr Zusatzeinkommen durch die Provisionen zu sparen.

Sie fahren zu Ihrem örtlichen Flughafen und als Sie in das Flugzeug von Air Tahiti 747 einsteigen, denken Sie sich:

„Es war eine prima Entscheidung, nebenbei ein bisschen Network Marketing zu machen. Wenn mein Geschäft weiterhin wächst, kann ich mir alle drei Monate eine solche Reise gönnen! Gottseidank hat mich mein Sponsor auf diese Geschäftsgelegenheit im Network Marketing aufmerksam gemacht."

Nach Ihrer Ankunft in Tahiti werden zu einem wunderschönen Strand gebracht. Sanfte Meereswellen rauschen im Hintergrund, während Sie sich in einer Hängematte entspannen und sich von den Kellnern des Urlaubshotels Ihre Lieblingsgetränke bringen lassen. Sie hören liebliche Musik und atmen die erfrischende Brise. Sie können das Teriyaki-Hühnchen vom Grill riechen, der nur einige Schritte von Ihnen entfernt ist.

Aaaahh! Was könnte schöner sein?

Doch was ist das!

Sie sehen einen kleinen Punkt am Horizont und er scheint sich zu bewegen. Er bewegt sich tatsächlich. Der Punkt wird immer größer. Er bewegt sich auf Sie zu.

Nachdem Sie den Punkt eine Weile beobachtet haben, erkennen Sie, dass es sich um eine Person handelt. Und diese Person zieht eine alte Decke hinter sich her.

Bald erreicht diese Person Ihre Hängematte, breitet die alte Decke auf dem Sand aus und lässt sich zu Boden plumpsen, um etwas Sonne zu tanken. Sie schauen auf diese Person hinunter und plötzlich erkennen Sie, diese Person ist ...

Ihr Nachbar von nebenan!

Was für eine Überraschung! So ein Zufall! Sie wenden sich Ihrem Nachbarn zu und sagen:

„Hallo!"

Ihr überraschter Nachbar stottert:

„Oh, oh, oh, Sie sind das! Ich kann das gar nicht glauben. Da sind wir Tausende von Meilen von zu Hause entfernt und wen treffe ich da, Seite an Seite mit mir am Strand? Das ist ja unglaublich!"

Sie antworten:

„Ich bin auch total überrascht. Wie kommt es denn, dass Sie hier sind und sich einen schönen Urlaub gönnen?"

Ihr Nachbar verzieht das Gesicht. Er runzelt die Stirn und murmelt traurig:

„Wissen Sie, eigentlich führe ich ein elendes Leben. Ich arbeite nonstop in drei Jobs, nur um die Miete für unsere Familie zahlen zu können. Ich bin bis über beide Ohren verschuldet. Meine Autoraten sind überfällig. In meinem Beruf habe ich keine Aufstiegsmöglichkeiten. Ich habe keinen Pfennig auf der Bank. Ich bin dem Untergang geweiht!

Also dachte ich mir, ich gönne mir ein einziges Mal in meinem miserablen Leben einen dreitägigen Urlaub, um wenigstens eine einzige angenehme Erinnerung zu haben, bevor ich sterbe. Um hierher zu kommen, habe ich ein weiteres Darlehen aufgenommen, habe alle meine fünf Kreditkarten bis zum Limit ausgeschöpft, habe das Geld vom Sparkonto meiner Kinder gestohlen, das für ihr Studium gedacht war, und habe sogar ihre Sparschweine aufgebrochen, nur um genug Geld für dieses Flugticket zusammenzukratzen.

Und wie sieht es bei Ihnen aus? Wie sind Sie hierhergekommen?"

Jetzt kommt der Augenblick der Wahrheit.

Sie sagen:

„Ich habe vor sechs Monaten in meiner Freizeit ein Network-Marketing-Geschäft gestartet. Es ist wirklich toll. Ich werde dafür bezahlt, dass ich anderen Leuten einfach nur davon erzähle. Also habe ich die Provisionszahlungen der letzten paar Monate gespart und hier bin ich. Dieses Teilzeitgeschäft läuft so gut, dass ich daran denke, mir in drei Monaten nochmal eine Woche hier zu gönnen. Ich sage Ihnen, das

Geschäft ist mehr als großartig. Es ist wirklich toll! Es ist so umwerfend, dass ich ... oh, oh ... ich schätze, ich habe vergessen, Ihnen schon früher davon zu erzählen, nicht wahr?"

Das Gesicht Ihres Nachbarn färbt sich rot. Langsam erhebt er sich von seiner Decke und geht an der Eisskulptur vorbei zum Schneidetisch des Teriyaki-Hühnchen-Grills. Er greift sich das riesige rasiermesserscharfe Macheten-artige Messer und geht langsam auf Sie zu. Als er seinen Arm hoch über den Kopf hebt ...

***

Ach du Schreck. Wir hören lieber auf, bevor es allzu hässlich wird.

Sehen Sie, wenn Sie Ihre Pflicht nicht erfüllen und wirklich alle ihre persönlichen Bekannten benachrichtigen ... dann könnten schreckliche Dinge geschehen.

Beachten Sie, dass wir unseren Bekannten immer die Möglichkeit geben müssen, uns um weitere Informationen zu bitten. Wir brauchen ihnen unsere Präsentation nicht aufzuzwingen. Wir brauchen ihnen unsere Produkte nicht zu verkaufen. Wir müssen sie nicht unter Druck setzen, damit sie Vertriebspartner werden.

Wir müssen nichts weiter tun als ihnen zusätzliche Informationen zu geben, wenn sie uns darum bitten.

Dann können unsere Verwandten und Freunde später nicht zu uns kommen und uns Vorwürfe machen:

„Du hast mir nie von deiner Geschäftsgelegenheit erzählt."

Das wäre nämlich traurig.

Und so vermeiden Sie spontane Angriffe mit der Machete.

Doch wenn Ihnen die obige Geschichte nicht gefällt, versuchen es mit dieser hier:

***

Wie man verhindert, dass man von seiner eigenen Tante in Verlegenheit gebracht wird

Stell dir vor, du bist auf der Hochzeit deines Cousins. An jenem Abend sitzt du an einem der Speisetische mit etwa zwölf anderen Gästen.

Du stellst fest, dass deine Tante, die zu diesem Zeitpunkt offenbar schon ein wenig zu viel Champagner getrunken hat, am selben Tisch sitzt. Sie dominiert das Tischgespräch und – zu deiner größten Überraschung – ist einer der ersten Sätze, die aus ihrem Mund kommen, als sie sich hinsetzt:

„Ich habe mich eben diesem großartigen Geschäft angeschlossen, wo man von zu Hause aus arbeiten kann; es heißt ‚Wir sind deine große Chance' und es läuft bei mir prima!"

Du kannst es gar nicht fassen. Du bist schon vor über einem Jahr bei „Wir sind deine große Chance" eingestiegen und hast deine Tante kein einziges Mal gefragt, ob sie auch mitmachen will; du hast ihr nicht einmal Bescheid gesagt, dass du mitmachst!

Doch es kommt noch schlimmer. Sie macht die Runde am Tisch und fragt jeden, ob er schon einmal von „Wir sind deine große Chance" gehört hat. Sie sucht Interessenten auf DEINEM warmen Markt!

Du beginnst zu schwitzen. Du bist wütend – sie hätte jetzt in deiner Gruppe sein können, doch du hast ihr nicht einmal mitgeteilt, dass du ins Geschäft eingestiegen bist.

Und jetzt wird es noch schlimmer! Was wirst du sagen, wenn du an der Reihe bist und sie dich fragt, ob du schon von „Wir sind deine große Chance" gehört hast?

Was wirst du sagen?

„Ja, ich habe schon von ‚Wir sind deine große Chance' gehört und ich bin da sogar schon vor über einem Jahr eingestiegen. Aber weißt du,

na ja, weil ich dich für so eine totale Niete halte, dachte ich nicht, dass du das Geschäft auch machen könntest, also habe ich es dir gegenüber nie auch nur erwähnt."

Du wünschst dir, du könntest dich unter dem Tisch verkriechen. Das ist so was von peinlich.

Und es wird noch viel schlimmer.

Drei Monate später besuchst du den Nationalen Kongress deines Unternehmens. Von Stunde zu Stunde werden die Reden und Neuankündigungen spannender. Die Ehrung der besten Vertriebspartner beginnt. Je höher der Pin-Rang ist, umso mehr Bewunderung empfindest du für jene, die über die Bühne gehen.

Urplötzlich hörst du den Namen deiner Tante aus dem Lautsprecher. Könnte wirklich deine Tante gemeint sein? Nee, das muss jemand sein, der zufällig denselben Namen hat. Du siehst zur Bühne hoch ... und es ist deine Tante, in all ihrem Glanz, und sie geht über die Bühne, um ihre neue Triple-Platinum Star-Trek Commander Executive Pin entgegenzunehmen. Während du sie fassungslos anstarrst, siehst du plötzlich, dass sie dir von da oben zuzwinkert!

Das Leben ist unfair!

Das muss ein Albtraum sein!

Du bist schon ein Jahr länger im Geschäft und sie ist auf der Bühne und fünf Ränge höher als du!

Du hast an mehr Network-Marketing-Schulungen teilgenommen, du warst öfter der Gastgeber bei deinen örtlichen Geschäftspräsentationen, du hast mehr Bücher über dieses Geschäft gelesen, du kennst den Vergütungsplan besser, du hast mehr Broschüren ausgegeben, mehr Kaltanrufe gemacht und sogar eine landesweite Anzeige aufgegeben!

Deine Frustration lässt sich nicht mehr überbieten.

„Warum ist meine Tante auf der Bühne, während ich weit hinten mit all den anderen Übervorsichtigen im Zuschauerraum sitze und Mühe habe, auch nur den nächsten Pin-Rang zu erringen?"

Und du verbringst die nächste Stunde mit stillen Tagträumen und lässt dir Dutzende von Entschuldigungen einfallen, um dir selbst gegenüber zu erklären, **warum sie auf der Bühne ist und nicht du.**

„Sie hatte einfach nur Glück und hat gleich in ihrem ersten Monat drei Führungskräfte eingeschrieben."

„Sie hat mehr Zeit als ich, um ihr Geschäft aufzubauen."

„Sie muss einen besseren Sponsor haben als ich."

„Es muss leichter sein, das Geschäft weiter aufzubauen, wenn man erst einmal einen höheren Rang erreicht hat."

„Die Leute in der Firmenzentale mögen sie lieber als mich."

„Sie ist extrovertierter als ich."

„Es ist schon in Ordnung, wenn ich 10 Jahre länger brauche als meine Tante, um an die Spitze zu kommen. Immerhin bin ich mehr als 10 Jahre jünger als sie, also gleicht sich das aus."

„Sie hat ein schöneres Zuhause als ich, um Leute einzuladen, und einen besseren Fernseher, um die Geschäfts-DVD vorzuspielen."

„Sie kennt mehr Leute, weil sie älter ist und in der Stadt lebt."

Unterm Strich läuft aber alles darauf hinaus, dass sie jedem auf ihrem warmen Markt Bescheid gesagt hat und du es nicht getan hast.

Deine Tante stellt auch bestimmt sicher, dass jede Führungskraft in ihrer Gruppe durch den Mitteilungsprozess geht.

Egal, was Sie sonst mit Ihrem Geschäft tun – wenn Sie es nicht allen mitteilen, dass Sie ein Geschäft haben, ist es absehbar, dass Ihr Geschäft nicht so schnell wachsen wird wie Sie es gern hätten.

***

Und finden Sie es nicht auch ein bisschen unfair, wenn Sie Ihren Bekannten nichts von diesem großartigen Geschäft erzählen?

Wie würden Sie sich denn fühlen, wenn einer Ihrer Bekannten die Informationen über diese Network-Marketing-Gesellschaft vor Ihnen geheim halten würde?

Oder wie würden Sie sich fühlen, wenn Ihr Nachbar seine Arbeitsstelle kündigen und seine Familie alle zwei Monate auf eine Urlaubsreise mitnehmen würde und Ihnen nie das Geheimnis seines Glücks verraten würde, während Sie sich in einem Beruf abschuften, den Sie hassen?

Geben Sie Ihren persönlichen Bekannten die Chance zu sagen:

„Nein, ich bin nicht interessiert."

Das wird schwere Machetenwunden verhindern, die Ihren nächsten Urlaub ruinieren könnten. Und es wird Ihnen peinliche Situationen beim Hochzeitsempfang Ihres Cousins ersparen.

Mitteilen – nicht verkaufen

Huch! Das ist eine lange Erklärung, warum wir jeden über unser Geschäft informieren sollten. Doch sehen wir uns diese Mitteilungen noch von einer anderen Seite an.

***

Das Schuhgeschäft

Stellen wir uns vor, Sie haben im örtlichen Einkaufszentrum ein Schuhgeschäft eröffnet. Würden Sie nicht jeden, den Sie kennen, darüber informieren, dass Sie dort ein Schuhgeschäft haben?

Natürlich würden Sie das tun.

Sie würden Ihre Bekannten nicht unter Druck setzen, dass sie noch am selben Tag dorthin kommen und sich Schuhe kaufen sollen. Sie würden nicht mehrere Schachteln voller Schuhe mit führen, um sie bei Familienzusammenkünften zu verkaufen, und Sie würden nicht bei Begräbnisfeiern Schuhmuster verteilen. Oder?

Sie würden einfach nur jeden, den Sie kennen, wissen lassen, dass Sie jetzt ein eigenes Schuhgeschäft haben. Dann würden Ihre Bekannten sich an Sie wenden, wenn für sie der **richtige Zeitpunkt** kommen würde, um sich Schuhe zu kaufen.

Sehen Sie, jeder braucht Schuhe, doch nicht jeder braucht heute neue Schuhe. Die meisten Menschen werden sich an Sie und Ihr Geschäft erinnern, wenn der richtige Zeitpunkt für sie kommt, **sofern Sie wissen,** dass Sie ein Geschäft haben.

Nicht jeder ist heute bereit, in seiner Freizeit ein eigenes Geschäft zu beginnen. Vielleicht morgen. Vielleicht nächstes Jahr. Doch für die meisten Ihrer Bekannten ist heute nicht der richtige Tag.

***

Oder sehen Sie es von dieser Seite.

Wenn Ihre Tochter heiraten würde, würden Sie es nicht jedem, den Sie kennen, mitteilen? Klar würden Sie das tun.

Sie würden die Leute nicht zu einer geschäftlichen Präsentation einladen, um sie dort über die baldige Hochzeit zu informieren. Sie würden ihnen einfach von der Hochzeit erzählen.

Unter je 100 Menschen aus Ihrem Bekanntenkreis suchen **gerade jetzt** mehrere ernsthaft nach einer Möglichkeit, wie sie sich jeden Monat etwas dazuverdienen könnten. In den meisten Fällen werden diese Menschen aber nicht mit erhobener Hand auf sich hinweisen, um Sie wissen zu lassen, dass sie heiße Interessenten sind!

Warum?

Weil Sie ja nur die ersten vier oder fünf Menschen auf Ihrer Liste angesprochen haben und die restlichen nichts wissen ließen. Sie haben aufgehört, die Neuigkeit mitzuteilen!

Vielleicht wurden Sie abgelehnt, entmutigt oder abgelenkt. Das spielt keine Rolle.

Das Resultat ist jedoch, dass viele Ihrer besten Kontakte nichts davon wissen, dass Sie ein Geschäft haben.

Wenn Sie sich also mit Ihrem neuen Vertriebspartner hinsetzen und ihn auffordern, die Namen von allen Leuten auf seinem warmen Markt niederzuschreiben, **erklären Sie ihm zuerst das Mitteilungsprinzip.**

Nehmen Sie sich die Zeit, Ihm ganz langsam zu erklären, wie das Mitteilen vor sich gehen kann. Erzählen Sie Ihrem neuen Vertriebspartner eine Geschichte.

Erzählen Sie ihm, was passieren könnte, wenn er nicht jeden auf seinem warmen Markt benachrichtigt.

Auf diese Weise wird er sich nicht zurücklehnen und Sie um jeden Namen kämpfen lassen, sondern er wird sich nach vorwärts lehnen und enthusiastisch die Namen aller Menschen niederschrieben, die er kennt!

Sie können Ihrem neuen Vertriebspartner den Anfang viel leichter machen, wenn Sie ihm das Mitteilungsprinzip erklären.

KAPITEL 11
Das Reaktionsprinzip

Die Menschen gehen durchs Leben und reagieren laufend auf irgendwelche Ereignisse. Sie sind wie Tischtennisbälle.

Wenn das Wetter schön ist, sind sie glücklich. Wenn das Wetter schlecht ist, sind sie traurig. Wenn ihre Mannschaft gewinnt, freuen sie sich. Wenn ihre Mannschaft verliert, sind sie enttäuscht. Wenn sie im Lotto gewinnen, feiern sie. Wenn sie im Lotto verlieren, trinken sie Bier und beschweren sich, dass sie im Leben immer nur Pech haben. Wenn ihre Ehefrau glücklich ist, sind sie glücklich. Wenn ihre Ehefrau traurig ist, sind sie traurig.

Ist Ihnen je klar geworden, dass die meisten Menschen fast zu 100 % immer nur reagieren? Sie tun ihr ganzes Leben nichts weiter, als auf Umstände und andere Menschen **zu reagieren.**

Schließen sich die Menschen also Ihrem Geschäft an ... oder schließen sie sich Ihnen an? Wenn man davon ausgeht, dass die Menschen reagieren, **dann reagieren sie auf Sie und nicht auf Ihr Geschäft.**

Das ist ein wichtiges Prinzip für neue Vertriebspartner. Ihnen ist nämlich nicht klar, dass Interessenten großartige Geschäftsmöglichkeiten ablehnen, weil sie auf den Vorführenden reagieren.

Nutzen wir doch einige kurze Geschichten und Beispiele, um unseren neuen Vertriebspartnern erkennen zu helfen, dass sie selbst die Ursache all ihres Erfolgs und all ihres Misserfolgs sind.

***

Die Ex-Ehefrau

Stellen Sie sich kurz vor, Sie haben eine Ex-Ehefrau und Ihre Beziehung zu ihr ist ganz schrecklich schlecht. Jedes Mal, wenn sie beide zusammentreffen, fliegen die Fetzen. Nichts als Geschrei und Gezeter.

Allerdings hat Ihre Ex-Frau einen Verlobten. Jedes Mal, wenn Ihre Ex-Frau mit ihrem Verlobten zusammen ist, gibt es nur Küsschen hier und Küsschen da, Freude und Lachen.

Doch ist diese Ex-Ehefrau nicht dieselbe Person?

Zwei völlig unterschiedliche Reaktionen und Verhaltensweisen, weil die Ex-Ehefrau auf zwei völlig unterschiedliche Menschen reagiert.

***

Denken Sie darüber nach. Interessenten sind neutral ... bis sie mit Ihnen zusammentreffen.

Sie werden zu guten Interessenten werden oder sie werden zu schlechten Interessenten werden – je nachdem, wie sie auf Sie, auf das, was Sie sagen, und auf das, was Sie tun, reagieren werden.

Bedeutet das, dass wir im Grunde keine guten Interessenten finden, sondern dass wir sie schaffen? Bedeutet das, dass wir uns in Wirklichkeit je nach Bedarf Interessenten heranholen können, wie wir sie gerade brauchen? Wir müssen also nicht mehr hinausgehen und nach heißen Interessenten suchen?

Ja.

Gute Interessenten zu finden wird bedeutungslos, wenn wir sie dann nur durch das, was wir sagen, und durch das, was wir tun, in schlechte Interessenten verwandeln.

Wenn neue Vertriebspartner nicht die persönliche Verantwortung für Ihr Handeln übernehmen wollen, brauchen sie klarere Beweise. Hier ist zur Hilfestellung eine andere Geschichte.

***

Kaffeepause

Ihr Chef bittet Sie, ihm eine Tasse Kaffee aus der Cafeteria im Obergeschoß zu bringen. Sie steigen in den Aufzug, in dem sich bereits ein Fremder befindet.

Der Fremde sieht Sie an und Sie sehen den Fremden an und dann tun Sie Folgendes. Sie schenken dem Fremden das größte, breiteste Lächeln, das Sie zustande bringen können.

Und wenn Sie jemanden groß und breit anlächeln, was ist dann die normale Reaktion eines Fremden?

Er lächelt auch.

Menschen reagieren. Jener Fremde hat gelächelt, weil Sie gelächelt haben.

Brauchen Sie noch mehr Beweise?

Sie fahren also ins Obergeschoß und holen eine Tasse Kaffee – eine schöne, dampfende, heiße Tasse Kaffee für Ihren Chef. Sie steigen in den Aufzug, um in Ihr Büro zurückzufahren, und wieder ist ein anderer Fremder bereits im Aufzug.

Sie sehen den Fremden an, sehen auf Ihre Tasse Kaffee hinunter und tun Folgendes:

PLATSCH!

Sie werfen den heißen Kaffee auf den Fremden.

Wird der Fremde **reagieren?**

Oh ja. Der Fremde dürfte sogar recht gewalttätig reagieren. Der Fremde wird Ihre Abstammung und Ihren Intelligenzquotienten in Frage stellen, und vielleicht einige Worte sagen, die man nicht im Wörterbuch findet. Der Fremde wird auf und ab springen und wird sehr, sehr verärgert sein.

Der Fremde wird **reagieren.**

Nun frage ich Sie: Musste der Fremde reagieren? Nein. Der Fremde hätte seinen freien Willen nutzen und sagen können: *„Diese Kaffeeflecken sehen neben meinen Tomatensoßeflecken richtig gut aus. Vielen Dank. Mir war vorher auch etwas kalt und jetzt wärmt mich meine brennende Haut schön auf."*

Es ist zwar möglich, aber unwahrscheinlich, dass so etwas geschieht.

Die meisten Menschen nutzen nicht ihren freien Willen, sondern **reagieren** nur auf das, was Sie sagen und tun.

Brauchen Sie noch mehr Beweise, dass die Handlungen der Menschen von dem abhängen, was Sie sagen und tun?

***

Mittagessen

Zeit fürs Mittagessen. Es gibt nur ein Restaurant in der Stadt. Eine Warteschlange von 50 Leuten steht an, um eine Bestellung aufzugeben. Leider sind Sie Nummer 50 in dieser Schlange.

Alle anderen Wartenden am Ende dieser langen Schlange sind ebenso wie Sie selbst deprimiert. Sie sagen: *„Das ist ja grauenhaft. Das wird eine Ewigkeit dauern. Die Bedienung hier ist so elend langsam. Ich habe einen Riesenhunger. Können die nicht mehr Personal einstellen?"*

Sie wollen das Reaktionsprinzip austesten, also tun Sie Folgendes:

Sie treten aus der Reihe und gehen ganz nach vorne an den Anfang der Warteschlange. Sie greifen sich das Tablett der Person, die eben ihr Essen bekommen hat, treten ihr auf den Fuß, nehmen ihr das Tablett weg und schreiten davon.

Nun, wird diese Person **reagieren?** Ganz bestimmt.

Sie wird sehr verärgert sein.

Daraufhin nehmen Sie dieses Tablett voller Essen, gehen an der Warteschlange entlang bis zu ihrem Ende, geben das Tablett dem traurigen Mann von vorhin und sagen: „Ich weiß, es ist eine lange Schlange. Hier ist etwas Essen. Nimm es mit, setz dich irgendwo hin und genieße es und mach dir keine Sorgen. Es ist schon bezahlt."

Wird dieser Mann **reagieren?** Ja. Er wird wahrscheinlich lächeln und positiv auf Sie reagieren.

Sie haben die Macht zu steuern, wie Menschen auf Sie **reagieren.** Warum? Weil Sie das geheime Prinzip der **Reaktion** kennen.

Wenn also jeder, mit dem Sie sprechen, negativ reagiert und sich weigert, bei Ihrem Geschäft mitzumachen ... müssen Sie dann die anderen Menschen ändern?

Nein. Es ist unmöglich, andere Menschen zu ändern.

Doch Sie können ändern, was Sie sagen und tun, und die Menschen werden anders **reagieren.**

Wenn Sie nicht die Resultate erhalten, die Sie wollen, brauchen Sie nur Ihre Handlungen zu ändern.

***

Brauchen Sie eine gute Geschichte zur Illustration, wie sich das auf Ihren Erfolg beim Sponsern auswirkt? Wollen Sie sehen, dass die Menschen sich von Ihnen angezogen fühlen und nicht von Ihrem Geschäft?

***

Der Säufer

Sie sind in einer rauen Gegend einer großen Stadt unterwegs. Es ist spät nachts und Sie sollten lieber nicht alleine hier entlanggehen.

Als Sie den Gehsteig entlanggehen, sehen Sie da einen Säufer auf dem Boden liegen. Er schnarcht laut, hält eine halbleere Flasche Wein in der Hand, und Sie stellen fest, dass er schon eine ganze Weile so geschlafen haben muss, denn die Spinnen haben bereits Spinnweben zwischen seiner Nase und dem Rinnstein gewebt. Die Fliegen beginnen um ihn Kreise zu ziehen und der Säufer verbreitet schon einen üblen Geruch.

Also was geschieht? Als Sie an dem Säufer vorbeigehen müssen, wollen Sie sich so gut wie nur möglich von ihm fernhalten. Doch als Sie gerade in seiner Reichweite sind, fasst der Säufer in seine Jackentasche und huch! Er zieht eine Broschüre seiner Network-Marketing-Gesellschaft heraus und reicht sie Ihnen.

Sie fassen jene Broschüre mit Ihrem Daumen und Zeigefinger, halten sie von Ihrem Körper fern, bis Sie den nächsten Abfalleimer erreichen, und werfen die Broschüre dort hinein, und Sie hoffen, hoffen innigst, dass Sie sich nicht eben eine schreckliche Krankheit zugezogen haben.

Sie gehen weiter und vor Ihnen erscheint dieser Riese von Mensch, der sich mit verschränkten Armen gegen die Wand lehnt. Sie kommen etwas näher an und sagen sich: *„Dieser Mann ist über zwei Meter groß und wiegt bestimmt über 150 kg."*

Als Sie näher kommen, sagen Sie sich: *„Der Mann sieht ja aus wie Shaq O'Neal, der berühmte Basketballspieler. Er muss es sein – er spielt sogar mit einem Basketball rum!"*

Als du noch näher kommst, erkennst du sein Trikot, auf dem deutlich lesbar steht: „Shaq O'Neal."

Du wunderst dich: *„Was macht der nachts in dieser Gegend? War seine Sportschuhwerbung ein Flop? Oder wartet er auf seine Limousine?"*

Als Sie an Shaq O'Neal vorbeigehen, greift er in seine Jackentasche und huch! Er reicht Ihnen eine Broschüre seiner Network-Marketing-Gesellschaft.

Würden Sie sich die Broschüre jetzt ansehen? Bestimmt.

Das Interessante dabei ist, dass beide, Shaq O'Neal und der Säufer für dieselbe Network-Marketing-Gesellschaft werben. In einem Fall haben Sie sich die Broschüre genau angesehen, im anderen Fall würdigten Sie sie keines Blickes. Die gleiche Gesellschaft. Die gleiche Geschäftsgelegenheit. Worin bestand der Unterschied? In der Person, die Ihnen die Broschüre überreichte.

***

Fühlen sich Menschen also von Unternehmen angezogen oder fühlen sie sich von Menschen angezogen?

Menschen fühlen sich von Menschen angezogen. Sie **reagieren** darauf, wer Sie sind, was Sie wissen, wie Sie sich verhalten und was Sie sagen. Sie selbst bestimmen das Verhalten Ihrer potenziellen Interessenten. Aus diesem Grund müssen wir Fertigkeiten erlernen.

Statt also zu versuchen, Ihre Ansprechpartner zu ändern, ändern Sie lieber das, was Sie selbst sagen und tun – und Ihre Ansprechpartner werden anders reagieren.

KAPITEL 12

Eine Geschichte für Ponzi, Pyramiden und Systeme für schnelles Reichwerden

Ach du Schreck!

Mein nutzloser Sponsor hat seine Post geöffnet und einen Bankscheck über 1.000.000,00 Dollar herausgezogen.

Er hat den Scheck schnell eingelöst und hat die 1.000.000,00 Dollar auf sein Sparkonto eingezahlt. Das Leben würde schön sein!

Auf seinem Weg nach Hause machte er einige kurze Telefonanrufe und tat Folgendes:

1. **Er stellte einen persönlichen Assistenten ein.**

2. **Er bestellte sich einen Ferrari.**

3. **Er stellte ein Dienstmädchen ein.**

4. **Er kaufte sich eine Sechserpackung Premium-Bier.**

Nach einer Nacht mit süßen Träumen wachte mein nutzloser Sponsor auf und begann seinen neuen Lebensstil als Millionär zu genießen.

Er rief seinen persönlichen Assistenten an. Keine Antwort.

Er sah in seine Einfahrt, und es war kein Ferrari angeliefert worden.

Das Dienstmädchen war nicht zur Arbeit gekommen.

„Was ist bloß los mit dieser blöden Welt?" fluchte er.

Also stieg mein nutzloser Sponsor in sein altes Auto und fuhr in die Stadt, um ein paar Leute zu feuern und sich die Welt zu Diensten zu machen. Immerhin war er ja ein Millionär.

Auf dem Weg zur Stadt hörte John die Nachrichten im Autoradio. Der Nachrichtensprecher berichtete:

„Dies wird meine letzte Nachrichtensendung sein. Gestern ... hat jeder, ich eingeschlossen, 1.000.000,00 Dollar erhalten."

***

Diese Geschichte hat sich in Wirklichkeit nie ereignet.

Warum nicht?

Weil es so etwas wie „leicht verdientes Geld" nicht gibt.

Wenn Geheimrezepte und Systeme zum „schnellen Reichwerden mit leicht verdientem Geld" wirklich funktionieren würden, wäre jeder ein Millionär. Sehen Sie sich doch um. Sind alle Ihre Freunde, Verwandten und Nachbarn Millionäre? Nein, sie arbeiten nach wie vor in ihren jeweiligen Berufen.

Dennoch lassen sich tagtäglich viele Leute von Systemen verführen, die ungefähr Folgendes versprechen:

„Sie brauchen sich keine Mühe zu geben. Wir machen die ganze Arbeit für Sie. Mein Geheimrezept ist nur noch 19 Tage lang erhältlich. Handeln Sie schnell. Ich teile mit Ihnen mein Rezept, wie man Millionär wird, für nur 19,95 Dollar, denn ich will all den faulen Menschen auf der Welt Geld geben, die nicht daran glauben, dass man für Geld einen Gegenwert bieten muss. Auch ich selbst war pleite, meine Eltern waren Waisen, ich wurde von Wölfen großgezogen und kann nicht schreiben und lesen, doch dieses Erfolgsrezept wurde mir in einem Traum eingegeben, als ich meinen Drogenrausch ausschlief. Und ich habe eine Kundenempfehlung von A.B. in Alabama und von C.D. in Florida. Und wenn Sie in der Lage sind, auf eine Maus zu klicken, können auch

Sie das hier tun, da Millionen von Menschen im Internet nur darauf warten, Ihnen Geld zuzusenden ..."

Die Lektion? Wir müssen **lernen,** wie wir unseren potenziellen Interessenten einen Gegenwert bieten können.

Niemand wird uns 1.000.000,00 Dollar nur dafür geben, dass wir uns irgendeinem Internet-Programm anschließen. Und niemand wird uns 1.000.000,00 Dollar dafür geben, dass wir uns bei der neuesten und größten und heißesten Geschäftsgelegenheit einschreiben, die gerade erst startet.

Wir müssen dafür erst Produkte, Dienstleistungen und Gegenwerte im Wert von 1.000.000,00 Dollar liefern. Erst dann werden uns die Leute 1.000.000,00 Dollar geben.

Sehen Sie, im Leben müssen wir ...

... unseren Beitrag leisten.

Stellen Sie sich Folgendes vor.

***

Das sind zwei Menschen, John und Mary.

John wird ein Network-Marketer. Er ist faul, nimmt an keinen Telefonkonferenzen teil, ruft nie seinen Sponsor an, lernt keine neuen Fertigkeiten, meidet Gespräche mit potenziellen Interessenten und gibt nur selten ein Produktmuster her.

Sein „praktisches" Wissen, wie man mit potenziellen Interessenten spricht, ist gleich Null.

John sitzt nur herum und wartet auf seinen Glückstag ... und er kommt!

Der perfekte Kandidat mit den perfekten Beziehungen erscheint genau zur richtigen Zeit auf der Bildfläche. Super!

Und was bewirkt das für Johns Geschäft? **Nichts.**

John sagt die falschen Worte. Seine Unerfahrenheit lässt ihn nervös erscheinen. Und sein Kandidat trifft den Entschluss, sich nicht einzuschreiben.

Mary wird eine Network-Marketerin. Sie nimmt an jeder Telefonkonferenz teil, ruft regelmäßig ihren Sponsor an, gibt Präsentationen „live" vor anderen Menschen und verteilt Produktmuster.

Sie lernt, wie man mit potenziellen Interessenten spricht. Sie sammelt Erfahrung.

Während Mary lernt, ihre Probleme durchlebt und mit potenziellen Interessenten umgeht, erscheint der perfekte Kandidat!

Der perfekte Kandidat mit den perfekten Beziehungen erscheint genau zur richtigen Zeit vor Mary. Super!

Und was bewirkt das für Marys Geschäft?

Ihr Geschäft explodiert.

Warum?

Weil Mary Erfahrung hatte. Sie war selbstbewusster, weil sie Tag für Tag mit Interessenten zu tun gehabt hatte. Jedes Mal, wenn sie ein Produktmuster oder eine Broschüre herausgab, lernte sie ein wenig mehr über den Umgang mit Menschen.

Als also der perfekte Kandidat auftauchte, wusste Mary, wie sie die Präsentation durchzuführen hatte.

***

Deshalb teilen wir Produktmuster, CDs, Broschüren usw. aus. Wir müssen lernen, wie man im Alltag mit potenziellen Interessenten umgeht.

Die Moral von dieser Geschichte ist … **Wir müssen unseren Beitrag leisten!**

KAPITEL 13

Warum Vertriebspartner auf den Rat Ihrer Sponsoren hören sollten

Die blutige Geschichte vom brutalen, sinnlosen Abschlachten von Tieren führt Network Marketer zur wahren Weisheit.

***

Ein Esel, ein Löwe und ein Fuchs beschlossen, auf Kaninchenjagd zu gehen. Nach einem recht guten Jagdtag hatten sie einen großen Haufen Kaninchen angesammelt.

Der Löwe sagte zum Esel:

„Ich möchte, dass du die Kaninchen gerecht unter uns dreien aufteilst."

Also nahm der Esel die Kaninchen und teilte sie auf drei gleich große Haufen auf und sagte:

„Wie findest du das?"

Der Löwe sprang ohne Vorwarnung auf den Esel und tötete ihn.

Dann warf der Löwe alle Kaninchen auf den Esel drauf und machte einen einzigen großen Haufen. Der Löwe drehte sich zum Fuchs und sagte:

„Ich möchte, dass du die Kaninchen gerecht unter uns zweien aufteilst."

Der Fuchs ging zu dem Haufen mit den Kaninchen und nahm ein kleines mageres Kaninchen für sich selbst weg und legte es an eine andere Stelle, die seinen Haufen darstellen sollte.

Die übrigen Kaninchen ließ er auf dem großen Haufen liegen und sagte:

„Dieser Haufen von Kaninchen ist für dich, lieber Löwe."

Der Löwe fragte:

„Lieber Fuchs, wo hast du denn gelernt, so gerecht zu teilen?"

Und der Fuchs antwortete:

„Der Esel hat es mich gelehrt."

***

Die Lektion aus dieser Geschichte ist: Wenn Sie **nur aus Ihren eigenen Fehlern lernen,** werden Sie vielleicht nicht lange genug leben, um weitere Fehler zu machen.

Wenn Sie jedoch auch aus den Fehlern anderer lernen, dann sind Sie weise.

KAPITEL 14

Fertigkeiten, aber keine Motivation

Sie haben also diesen hochleistungsfähigen Vizepräsidenten der Bank gesponsert. Er kann gut mit Menschen umgehen, ist ein guter Verkäufer und kennt jeden in der Stadt.

Das einzige Problem ist, er hat niemanden angesprochen. Er hat die Werkzeuge und die Fertigkeiten, aber er hat keine Motivation, ein Geschäft aufzubauen. Diese Situation lässt sich leicht mit einer Geschichte veranschaulichen.

***

Ein Haufen Erde

Wenn Sie verstehen, wie ein Haufen Erde Ihr Leben ändern kann, werden Sie verstehen, was man braucht, um in diesem Geschäft erfolgreich zu sein.

Viele Leute glauben, dass es Fertigkeiten, Schulungen und viele Kontakte sind, was einen in diesem Geschäft erfolgreich macht, doch man braucht noch etwas viel Wichtigeres.

Stellen Sie sich hinter Ihrem Haus einen großen Erdhaufen vor, der sechs Stockwerke hochragt. Es ist ein enorm großer Erdhaufen und ich werde Sie lehren, ein professioneller Erdbeweger zu werden.

Das Erste, was ich Sie lehren werde, ist, wie man eine Planierraupe bedient. Ich werde Ihnen zeigen, wie man die Steuerung bedient, die Hebel bewegt und die Schaufel auf und ab fahren lässt, um die Erde aufzunehmen und abzuladen. Ich werde Ihnen Komplimente machen, wie gut Sie schon bei der Arbeit mit der Planierraupe sind.

Am nächsten Tag werde ich Sie auf einer JCB-Erdbaumaschine schulen und wir werden die Vorderschaufel auf und ab bewegen und die Hinterschaufel rotieren lassen. Sie erweisen sich als außergewöhnlich talentiert beim Umgang mit der JCB-Erdbaumaschine und arbeiten fleißig.

Am darauffolgenden Tag werde ich Sie in der Theorie und Geschichte der Nutzung von Handschaufeln und Spaten unterrichten. Das wird Ihnen ein Verständnis von der Geschichte dieser Werkzeuge geben, wie sie erfunden wurden und wie Höhlenmenschen die ersten Schaufeln nutzten. Sie werden fundierte Kenntnisse über das Bewegen von Erde haben.

Am vierten Tag werde ich Sie darum bitten zu beginnen, die Fertigkeiten, die Sie erlernt haben, anzuwenden und einen Haufen Erde zu bewegen.

Sie gehen an Ihrem ersten Arbeitstag hinaus und wollen die Planierraupe nutzen, doch leider stellen Sie fest, dass ihr das Benzin ausgegangen ist. Sie sagen: *„Tja, die Benzinstation ist meilenweit entfernt, also vergiss es. Ich werde nicht die Planierraupe nutzen."*

Sie gehen zur JCB-Erdbaumaschine und sehen, dass die Vorderschaufel verschwunden ist. Sie finden heraus, dass eine neue Vorderschaufel bestellt und noch nicht geliefert wurde. Also beschließen Sie, auch diese Maschine nicht zu nutzen.

Es beginnt zu regnen. Ihr Haar klebt sich an Ihren Kopf. Ihre Kleidung wird kalt und nass. Der Schlamm klebt sich an Ihre Schuhe. Sie sehen einige Ihrer Freunde vorbeigehen, doch da Sie wissen, dass Sie jetzt ganz schrecklich aussehen, verstecken Sie sich.

Sie sagen sich: *„Nun, ich könnte eventuell ein wenig von dieser Erde per Hand bewegen, wenn es denn sein muss, aber ich habe keine Handschuhe und werde wahrscheinlich Blasen bekommen oder mir Späne einziehen. Ich werde ins Haus gehen, etwas Trockenes anziehen, mich vor den Fernseher setzen und Feierabend machen."*

Der Erdhaufen und Schlamm bleibt weiterhin hinter Ihrem Haus.

Doch es hätte auch anders laufen können.

Ich bitte Sie hinauszugehen und den Erdhaufen hinter Ihrem Haus zu entfernen. Während Sie den Erdhaufen betrachten, sehen Sie plötzlich, dass Ihre kleine Tochter, die noch ein Krabbelkind ist, bis zur Spitze des Haufens geklettert ist und dort spielt. Plötzlich beginnt Ihre kleine Tochter herunter zu rutschen. Die Erde fällt neben und über Ihrem Baby hinab und beginnt Ihre Kleine allmählich zuzudecken.

Was tun Sie jetzt?

Sie springen schnell in die Planierraupe, um die Erde zu bewegen, damit Sie Ihre kleine Tochter retten können, doch in der Planierraupe ist kein Benzin. Sie sagen: *„Tja, die Tankstelle ist zu weit weg. Ich habe mein Bestes versucht."*

Nein!

Unbeirrt würden Sie sofort auf die JCB-Erdbaumaschine springen. Da fehlt die Vorderschaufel, die nachbestellt worden ist. Was tun Sie jetzt? Geben Sie auf?

Nein!

Sie würden sich sagen: *„Tja, die Vorderschaufel fehlt zwar, aber ich kann die Hinterschaufel nutzen."*

Und falls die Hinterschaufel nicht funktionieren sollte, würden Sie sich eine Handschaufel oder einen Spaten schnappen. Selbst der beginnende Regen könnte Sie nicht aufhalten. Sie würden mit nackten Händen arbeiten, um die Erde und den Schlamm wegzuräumen, denn Sie müssten Ihre kleine Tochter retten.

Und Sie würden alles tun, was nötig wäre, denn Sie wären hochmotiviert, und selbst wenn Sie keine Schulungen gehabt hätten, würden Sie die Erde wegbewegen, denn Sie hätten **ein Verlangen** und **eine Vision** und **einen Grund,** es zu tun.

***

Ja, ein Verlangen, eine Vision und ein Grund können wichtiger sein als Wissen.

Sie müssen wissen, was Sie wollen.

Vielleicht wollen Sie mehr Zeit für Ihre Familie oder vielleicht wollen Sie Ihre Kinder nie wieder bei anderen Leuten in Pflege geben. Vielleicht wollen Sie mit Ihrer Familie eine schöne Zeit auf einer Kreuzfahrt verbringen oder an einen besonderen Ort reisen.

Wir alle wissen, dass unsere Kinder sich nie wirklich an all die Schuhe und Kleidungsstücke erinnern werden, die wir ihnen gekauft haben, doch sie werden sich immer an jenen besonderen Familienurlaub oder die gemeinsam verbrachte Zeit erinnern.

Es könnte sein, dass Sie Ihre Arbeitsstelle hassen. Vielleicht denken Sie sich, dass das Leben sicher mehr zu bieten hat, als Papierstücke von einer Seite des Schreibtischs auf die andere zu befördern. Vielleicht wollen Sie mehr vom Leben als endlose, hirntötende Stunden im dichten Verkehr bei der Fahrt zur und von der Arbeit.

Vielleicht träumen Sie davon, dass Sie Ihren Lebensstil ändern und anderen Menschen helfen könnten, dasselbe zu tun. Oder vielleicht wollen Sie jeden Monat eine Kreuzfahrt durch das Mittelmeer oder die Karibik machen.

Ihr Wissen und Können ist wichtig, doch Sie werden nicht motiviert sein, es anzuwenden, wenn Ihnen das Verlangen, die Vision und ein Grund, dieses Geschäft zu machen, fehlen.

Und wenn Ihnen das Wissen und Können fehlt, um dieses Geschäft zu machen, werden Sie von Ihrem Verlangen, Ihrer Vision und jenem Grund motiviert, das Wissen und Können zu suchen, das Sie brauchen.

Oder vielleicht ist es einfach nur das gute Gefühl, sein eigener Chef zu sein und sein Leben selbst in die Hand zu nehmen, was Vertriebspartner zum Handeln motiviert. Hier ist eine kurze Geschichte, die völlig unverfänglich ist:

***

Warum Chefs nicht arbeiten müssen, wir anderen aber schon.

Eine Krähe saß auf einem Baum und tat den ganzen Tag nichts. Ein kleines Kaninchen sah die Krähe und fragte sie:

„Kann ich auch den ganzen Tag nur rumsitzen und nichts tun, so wie du?"

Die Krähe antwortete:

„Klar, warum nicht?"

Also setzte sich das Kaninchen auf den Boden unterhalb der Krähe und ruhte sich aus. Plötzlich erschien ein Fuchs, sprang auf das Kaninchen und fraß es auf.

Die Moral von der Geschichte:

Wer rumsitzen und nichts tun will, muss sehr, sehr hoch sitzen.

***

Ja, es zahlt sich aus, sein eigener Chef zu sein.

KAPITEL 15
Heute mag nicht Ihr Tag sein

Stellen Sie sich kurz vor, dass ich ein Banker in Ihrer örtlichen Gemeinde bin. Sie beschließen, mich um 7.00 Uhr morgens anzurufen, damit Sie mich noch erreichen, bevor ich zur Arbeit gehe. Sie rufen mich also um 7.00 Uhr morgens an und sagen: *„Hallo, Big Al, ich werde heute in Ihrer Gegend sein und wir haben heute Abend eine Geschäftspräsentation, zu der ich Sie einladen möchte."*

Da ich kein Frühaufsteher bin, würde ich wahrscheinlich irgendetwas murren und auflegen. Um 7.00 Uhr morgens bin ich an gar nichts interessiert!

Ein wenig später wache ich richtig auf und esse mein Frühstück. Ich lese meine Zeitung und lese da: „Stadt plant Massenentlassungen bei Banken".

Ich denke mir: *„Oje. Als Vizepräsident der örtlichen Bank habe ich wohl keine allzu guten Aussichten."* Wenn Sie mich also um 7:30 Uhr angerufen hätten, hätte ich wahrscheinlich geantwortet: *„Mann, das klingt ja sehr interessant. Ich werde heut Abend da sein."*

Innerhalb von nur 30 Minuten habe ich mich von einem schlechten Kandidaten in einen guten Kandidaten verwandelt.

Doch vielleicht rufen Sie mich um 7.30 Uhr nicht an. Vielleicht beschließen Sie, mich noch einmal um 9.00 Uhr anzurufen, wenn ich an meiner Arbeitsstelle angekommen bin.

Auf meinem Weg zur Arbeit werde ich an jenem Tag von einem Auto angefahren, das auf der regennassen Straße ins Schleudern gekommen ist, und mein Wagen hat einen Totalschaden. In meinem Kopf schwirrt herum: *„Ach du meine Güte, die ganzen Scherereien, die jetzt auf mich zukommen! Polizeiberichte, Versicherungsprobleme, das Auto ist kaputt, ich muss mir ein neues kaufen, und es wird ein sehr langer Fußweg zur Arbeit sein."*

Also gehe ich zu Fuß im Regen zur Arbeit, komme dort pitschnass an, und das Telefon klingelt. Sie sagen: *„Hallo, Big Al, da ist heute Abend um 8.00 Uhr eine Geschäftspräsentation. Komm doch hin und schau dir das an!"*

Gibt es einen schlechteren Zeitpunkt? Ich sage: *„Nein, ich bin nicht interessiert. Ich habe momentan mit anderen Dingen zu tun; wir können ein anderes Mal darüber reden."*

Um 9:00 Uhr wäre ich also schon wieder kein guter Kandidat für Ihr Geschäft.

Doch was wäre geschehen, wenn Sie mich um 9.30 Uhr angerufen hätten?

Um 9.25 Uhr kommt nämlich der Präsident der Bank in mein Büro und sagt: *„Big Al, ich habe gute Neuigkeiten und ich habe schlechte Neuigkeiten. Die schlechte Nachricht, Big Al, ist: Du bist gefeuert. Wir haben Massenentlassungen bei den Banken, also bist du einer von denen, die gehen müssen. Und natürlich ist die gute Nachricht, dass du den Rest des Tages frei hast."*

Ich beginne also um 9.30 Uhr meine Sachen zu packen und Sie rufen an und sagen: *„Big Al, da ist heute Abend um acht eine Geschäftspräsentation. Kannst du kommen?"*

Ich sage: *„Das klingt gut, das interessiert mich. Eigentlich kann ich mich auch gleich mit dir treffen!"*

***

Und so ist das Leben. Nicht jede Minute des Tages ist ein guter Zeitpunkt für unsere potenziellen Interessenten.

Innerhalb von nur zweieinhalb Stunden verwandelte ich mich von einem schlechten Kandidaten in einen guten und dann wieder zu einem schlechten und dann wieder zu einem guten Kandidaten.

Haben Sie also Geduld.

Erlauben Sie Ihren potenziellen Interessenten, Ihre Geschäftsgelegenheit zu prüfen, wenn der Zeitpunkt für sie richtig ist.

KAPITEL 16
Zur Tat schreiten

Das Hochwasser wurde immer schlimmer. Das Wasser stieg aus den Flussbetten und zerstörte die Stadt. Am Rande der Stadt in erhöhter Lage wohnte Darrell.

Würde das Hochwasser sein Haus erreichen? Sollte er einen Kreis aus Sandsäcken um sein Haus errichten? *„Kein Grund zur Sorge",* sagte sich Darrell. *„Ich spreche ein Gebet und bitte Gott um Schutz. Ich bin sicher, alles wird gut gehen."*

Das Wasser stieg weiter an. Bald bedeckte das Wasser das Erdgeschoß des Hauses. Darrell ging einfach in den ersten Stock und blickte aus dem Fenster.

Ein Boot mit einem Rettungsteam des Zivilschutzes fuhr vorbei. *„Hallo Darrell, steige ein, wir bringen dich in Sicherheit. Das Hochwasser wird immer schlimmer!"*

„Kein Problem", sagte Darrell. *„Mein Haus ist hoch gelegen und ich habe eben gebetet. Fahrt ruhig weiter. Mir wird nichts geschehen."*

Das Hochwasser wurde schlimmer. Das Wasser füllte das Obergeschoss, also kletterte er auf das Dach. Darrell sprach ein weiteres Stoßgebet und bat Gott um seinen Schutz.

Ein Hubschrauber flog über das Haus. Der Pilot rief ihm über den Lautsprecher zu: *„Darrell! Klettere in meinen Hubschrauber. Das Hochwasser wird immer schlimmer."*

„Mach dir keine Sorgen um mich. Ich habe alles unter Kontrolle." Als der Hubschrauber wegflog, stieg das Wasser weiter.

Bald stand das Wasser Darrell bis zum Hals, dann stieg es ihm über den Kopf und dann war es vorbei. Darrell starb in den Fluten.

Darrell hatte ein gutes Leben geführt, also war es nicht verwunderlich, dass er direkt in den Himmel hochfuhr. Petrus gab ihm eine großartige Führung und stellte ihn Gott vor.

„Weißt du, Gott, der Himmel ist wirklich schön", sagte Darrell, *„aber ich wollte eigentlich nicht so früh hierher kommen. Ich wollte noch einige gute Taten auf der Erde vollbringen, aber dann kam das Hochwasser. Ich dachte bis dahin immer, du wärst ein toller Typ und würdest meine Gebete hören, doch nachdem mich das Hochwasser umgebracht hat, kommen mir Zweifel. Hörst du denn nicht die Gebete deiner treuen Diener auf Erden? Erinnerst du dich nicht, dass ich zu dir gebetet und dich um Sicherheit gebeten habe?"*

Gott antwortete: *„Klar doch, deshalb habe ich dir doch einen Hubschrauber und ein Boot gesandt."*

∗∗∗

Und die Moral von der Geschichte?

Nichts geschieht, wenn wir nicht zur Tat schreiten. Also nutzen Sie die Geschichten in diesem Buch oder denken Sie sich Ihre eigenen Geschichten aus und sammeln Sie sie. Wenn Sie Geschichten nutzen, geschehen gute Dinge.

Schreiten Sie zur Tat.

Weitere Produkte

Weitere hilfreiche Produkte zum Aufbau Ihres Network Marketing Geschäfts von Tom Schreiter finden Sie hier:

www.mlm-training.com/tomschreiter